人生と仕事に迷いがなくなる

生まれてきた真の目的

# 「ラスト・ミッション」の見つけ方

「地球に生まれてきた意味」を思い出し、
自分らしく生きる方法

瞑想家・経営コンサルタント
レバレンド・サトシ

まえがき――迷い続ける毎日はもうやめよう。光り輝く未来は自分でつくれる！

## ◎私たちは今、これまで誰も経験した事がない時代に生きている！

**「私たちの使命（ミッション）は、生まれた時にすでに決まっている」**と言われています。

もし本当だったら、迷わず選んだ道を使命と受け止めて、前へと進めばいいのです。

しかし、私たちはミッションを疑って、否定してしまいがちです。

私たちは今、これまで誰も経験した事がない時代に生きています。

刻々と状況が変化して、次から次へと決断しなければいけない事柄が押し寄せてきて、何が正しいのか、間違っているのか、誰も正しい答えを知りません。

どこを目指して進めばいいのか、何をどうすればいいのか、教えてくれる人もいなくて、自分がわからなくなってしまうと感じる方も多いと思います。

不安や恐れ、恐怖などの感情に囚われてしまって、何事にも否定的になってしまいがちです。

自分で何も決められなくなり、周囲の人たちの顔色や動向を見て、まわりに無理に合わせたり、優柔不断になり、さらに自分という存在の意味がわからなくなってしまうと、生まれた時から持っているミッションを疑ってしまう事が起きてしまうのです。

そして現在は、**平成の時代までは当たり前な事として考えたり、行動してきた事が大きく変化した時代の中で、通用しなくなっています。**

特に令和に入り、コロナ禍を境に人々の世界観が大きく変わり、「目に見えるものから目に見えないものへの希求、心の時代へと急激に変化している」のを感じます。

これまで当たり前だった事が大きく変化して、信じていた常識が通らなくなって、今までの世界観がガラガラと崩れ落ちるように変わっていきました。

周囲の状況が絶え間なく変化する中、様々な事柄に疑問を持たざるをえない状況になり、家族や友人、愛する人とも思うようにコミュニケーションが取れなくなっています。

人生の分岐点にさしかかって、自分の進むべき道がわからなくなってしまった方もいると思います。

あるいはネットを通して、遠く離れた外国に住んでいる人とつながったりして、世界観を大きく広げた方もいると思います。

そんなふうに、世界のコミュニケーションの方法や価値観が、この数年間で大きく変化しました。

そして、それぞれの存在の価値が問われるようになって、個々の在り方、「自分の使命は何なのか？」という事を、これまでになく、深く考えるようになったのです。

## ◎「自分の弱さ」を自分の一部と認めて、自分自身を受け入れる

こんな時代だからこそ、**それぞれが個の存在として、心の中にいるもう一人の自分に向き合って、「本当の運命＝ラスト・ミッション」を見つけなければいけない**のです。

私たちの心は、こんな不安定で不確かな時代に翻弄されて、今にもストレスや恐怖など、様々な感情に押しつぶされてしまいそうです。

しかし本当は、そんな逆境の時ほど、自分の心に向き合う事が必要なのです。

心が負けそうになる時だからこそ、自分の心に向き合って対話をする事が大切なのです。

そうして「自分の弱さ」を認める事で、現実に抱えている問題が徐々に解決していくのです。

**「自分の弱さ」を自分の一部と認めて、自分自身を受け入れる事で、自分が生まれながら持っている使命「ラスト・ミッション」を知る事になる**のです。

自分に課されているラスト・ミッションを見つけて、未来へと前向きに歩んでいく。誰もが、そのようなラスト・ミッションを見つけなければいけない時代を今、私たちは迎えているのです。

恐怖で覆われている心を解き放って、周囲で起きている事に惑わされずに、心の内面で起きている事に集中して、客観的に観察して、自分を分析して理解する。

その事が、自分が自分である事を証明してくれて、自分を愛する事ができるようになり、目の前の困難を乗り越えさせてくれるのです。

私たち人間には、生きるのにも、死ぬのにも、理由が必要なのです。

**この世界での、私たちの生きる理由、在り方とは何なのか。**

**私たちは、何のために生まれてきて、そして何のために死んでいくのか。**

この本を通して、そのような理由を自分の心の中に見つけて、自分が自分でいるために、「ここにいてよい」という愛に包まれて安心した気持ちを得る。

そして自分が生まれてきた理由、ラスト・ミッションを知って、「タマシイを成長」させて、生きるチカラを育ててほしいと思っています。

2023年12月吉日

レバレンド・サトシ

カバーデザイン　takaokadesign
企画・編集協力　遠藤励起
本文仮名書体　文麗仮名（キャップス）

## もくじ

## 第2章 人生のミッションは、「幸せになる事」



## 第3章 「ラスト・ミッション」に気づく3つのステップ

## 第4章　ラスト・ミッションを導く3つの色と5つの瞑想

# 第1章

# 成功している人は、みんな「ミッション」を生きている！

## 成功している人は、「ターニング・ポイント」を経験している!

企業を経営していて成功している人でも、キラキラと輝いていて、素晴らしい人生を送っているように見えている人でも、初めから成功している人はほとんどいません。

そのような人たちの話を聞いてみると、「以前は、どん底の生活をしていた」と言われる方が意外と多いのです。

成功していて「最高の人生を生きている人」のように見えていても、じつは昔は「迷い続けていて、人生を投げ出そうとしていたくらいだった」と言う方が結構多いのです。

それではなぜ、そのような「人生を投げ出そうとしていた人」が、キラキラと成功している人に変われたのでしょうか。

その理由は、人それぞれ異なっています。

ある方は「成功を目指して、寝る間も惜しんで一生懸命働いた」と言います。

あるいは「出会った人たちが助けてくれて、あれよあれよという間に、どんどん良い方向へと進んでいった」と言う方もいます。

理由はそれぞれ違っているのですが、しかし皆さんのお話を聞くと、ある**「共通点」があるの**に気がついたのです。

その皆さんが口をそろえて言う共通点というのは、**「あるきっかけがあって変われた」**という事なのです。

それは、それぞれにとって、成功への道に大きく舵を切るような**「ターニング・ポイントがあった」**という事です。

その「ターニング・ポイント」というのは、その時は、何気ない「瞬間」であり、気にもとめないような些細な事で、日常の忙しい生活の中では消えてしまいそうな小さな「点」だったかもしれません。

ほとんどの人は、**「その『瞬間』を経験している最中は、気にもとめなかった」**と言います。

それが、だいぶ時が経ってから、過去を振り返って思い出してみると、「ああ、あの時が自分にとって人生のターニング・ポイントだった！」というふうに言われる方が多いのです。

だからもし、この**「ターニング・ポイント」というものを理解して、目の前に来たチャンスをその都度、自分のものにする事ができたなら、私たちはそれぞれ人生を間違いなく前へと歩む事ができる**はずなのです。

## 過去の「点」はすべてつながっていて、現在への「線」となる！

ここで、「自分の『ターニング・ポイント』を振り返ってみて、それぞれをつなげる事が大切だ」というテーマで講演をされたスティーブ・ジョブズ氏のお話を紹介いたします。

今や世界中の人たちに愛されていて、使われているiPhone、iMacなどの製品を世に送り出したアップル。その会社を創業したスティーブ・ジョブズ氏は、生まれた時から成功していたわけではありませんでした。

彼が生前、2005年に、スタンフォード大学の卒業式で講演をしたのですが、その時のお話は素晴らしく、多くの人たちに「生きる希望」や「感銘」を与えました。

その講演で、彼は「コネクティング・ザ・ドッツ」と言って、過去を振り返って、大切なターニング・ポイントである「点」と「点」をつなげて「線」にしていくという話をしたのです。

生まれてすぐに、あまり裕福でない家庭に養子に出された彼は、アメリカでも有名なリード大学に入学しましたが、経済的な問題からすぐにドロップアウトしました。

その時に、彼は聴講生として「カリグラフィ」という、ペン字の独特な美しいフォントに出会って学ぶ機会があったのです。

その時の経験が基になって、「目の前に見えるものを、そのまま手に入れる事ができる」(WYSIWYG: What You See Is What You Get)、画面上で見える美しい文字が、そのまま印刷されるという、当時は画期的だったアップルコンピュータを創ったのです。

彼の話からは、目をキラキラと輝かせて、好奇心旺盛に「カリグラフィ」のクラスで「文字の美しさ」に魅了されて、一心不乱に学んだ様子が目に浮かびます。

そして彼は、「ステイ・ハングリー・ステイ・フーリッシュ(貪欲であれ、バカであれ)」という有名な言葉を残すのです。これは、「何事においても、好きな事なら、自分自身を抑え込む事なく、前へ進め！」といった意味になります。

この言葉から、彼がそれぞれの「点」を過ごしていた時に、いかにその時その時に真摯《しんし》に向き合っていたのかがわかります。きっと彼は、好きな事に出会ったら、寝食を忘れるぐらい「バカ」のように熱中して取り組んだのだと思います。

そんな経験を基に、彼は、こんなふうに講演を締めくくります。

「その時、その時の点を過ごしている時は、どうしてそれをしているのか意味がわからない。それでも過ぎ去って、過去を振り返って、その時の『点』を見てみると、じつはそれぞれの点がつながっていて、自分が歩いてきた道が『線』となって見えてくる。そしてそれぞれに意味があって、今の自分があるというのがわかってくる。

『点』をつなげる作業は、その最中はできない。過ぎ去ってみないとつなげる事はできないんだ」

そんなスティーブの話を聞いていた生徒たちは、自分が過ごしてきた、それぞれの「点」、そして今へとつながっている「線」が見えてきて、すべてが意味を成していて、無駄な事は何もない、すべてが今の自分を存在させるために必要な事だったのだと、人生で起きた様々な出来事を感慨深く思い浮かべたのだと思います。

## 「幸運の女神」をつかまえられる人とは

この世界には「最高の人生を生きている人」と「迷い続ける人」がいます。

でも、この二つのタイプの人たちに、さほど違いはありません。

「最高の人生を生きている人」でも、彼らの多くは、以前は「迷い続ける人」であり、初めから成功していて、すべてがうまくいっていたわけではないのです。

ただ**「最高の人生を生きている人」には、ある「きっかけ」、何かが切り替わる「ターニング・ポイント」があって、前へと進めるようになっている**のです。

彼らの多くは、ほんのちょっとしたきっかけを、絶妙なタイミングでつかんで、「最高の人生を生きている人」に変わっているのです。

とはいえ、「ターニング・ポイント」という、人生を変えるような大きなきっかけというのは、そうそう訪れません。

**「幸運の女神には、前髪しかない」(Seize the fortune by the forelock.)**

これはイタリアのことわざで、原文は、レオナルド・ダ・ヴィンチの言葉だそうです。神話に出てくる「幸運の女神」には前髪しかないそうです。通り過ぎてから慌ててつかもうと思っても、後ろに髪がないので、つかめない。もうその時には幸運の女神(チャンス)は過ぎ去ってしまった。悔やんでも遅いという意味だそうです。

英語では、「幸運の女神が微笑んだら、すぐにつかまえて離すな」(When fortune smiles, embrace her.)という同じような意味のフレーズがあります。

「幸運の女神が微笑む」とは、いったいどういう状況なのでしょう。実際に、目の前に本当の女神が現れるわけではありません。

それは、**「目の前で起きている事象が、まるで女神のように光り輝いていて、微笑んでいるように感じる」**といった意味になるのだと思います。

**そんな時には、勘を働かせて、「幸運の女神が訪れた」と自分で察知しなければいけません。**

そうはわかっていても、実際にその時に、「本当に自分にわかるか?」と聞かれても、それは難しいでしょう。

**「幸運の女神」を、本当につかまえたいなら、将来を見据えて、「どんな自分になりたいのか？」といった事を常日頃から考えるのをお勧めします。**

そうすれば、きっと目の前に幸運の女神が訪れた時に、「これだ！」と勘が働いて、前髪をつかみ取る事ができるようになるはずです。

## 人生を変えるきっかけとなった映画『ミッドナイト・エクスプレス』

20歳ぐらいの頃、私は将来についてあまり考えていませんでした。そんな私がある日、友人に誘われて観に行った映画が『ミッドナイト・エクスプレス』でした。

内容は、トルコへ旅行に行ったアメリカ人男性が、麻薬所持で捕まって終身刑で拘束されるところから始まります。

『ミッドナイト・エクスプレス』というのは英語の隠語で、「脱獄」なのですが、それはこの映画から生まれた意味のようです。

止まるはずがない特急列車が、10年に一度ぐらいの割合で、奇跡的に真夜中に止まる。

その時、あなたはどうするのか。

その映画は、私にそう問いかけてきたようでした。自分の目の前に、奇跡的に止まった特急列車。それを目にしたら自分はどうするのか。

主人公は、目の前に止まった「ミッドナイト・エクスプレス」（チャンス）に飛び乗って脱獄に成功して、無事にアメリカに帰国する事ができたのです。


私は、この映画を観終わって、しばらく椅子から立ち上がる事ができませんでした。頭の中で、いくつもの自分の人生のパターンとシチュエーションが映画のシーンのように浮かび上がってきて、頭の中でグルグルと回ったのです。

**もし目の前に「ミッドナイト・エクスプレス」が止まったら、飛び乗るのか、それとも理由をつけて乗らないのか。それを決めるのは、他の誰でもない自分自身なのです。**


自分が変わらなくてもいい理由は、いくらでも浮かび上がります。

自分の人生なのに、まるで人ごとのように、人生の傍観者のように、何も行動しようとしない。

できない理由を思い浮かべて、「何もしなくてもいいんだ」と自分に言い聞かせて、流れに身を任せて何事もなく過ぎていくのをただ待つだけ。

映画を観た直後に、何も行動しない自分の未来が、頭の中に鮮明に浮かび上がったのです。そしてそれはとても怖い感覚でした。

当時、私は予備校に通っていて、将来への希望や見通しなど何もありませんでした。それまでの私は、チャンスが目の前に来ても、ただ通り過ぎるのを眺めていただけだったように思います。

「自分は何者なのか？　何になりたいのか？」という事を、映画を観てから、真剣に考えなければいけないと思うようになりました。

そして、**その映画に出会ったのをきっかけに、私は、アメリカに行きたいという思いが強くなっていって、背中を押されるように渡米を決心した**のです。

自分を変えるチャンスは、一生に2〜3回しか訪れない。

そのチャンスをつかむのか。

それとも見過ごすのか。

その事をまざまざと、自分の人生を照らし出すように見せてくれたのが、この『ミッドナイト・エクスプレス』という映画だったのです。

## 「他人が」ではなく、「自分が本当に望む目標」を立てる

タイミング良く目の前に現れた「幸運の女神」を、気にもかけないで見過ごしてしまう。そんな事が実際に、多くの人たちに起きています。

一生に一度の人生を変えるきっかけを見逃すなんて、いったいなぜ、そんな事が起きてしまうのでしょう。

映画を観た頃の自分を考えてみると、**当時の私は、周囲の人たちの思いや望みを受け止めていて、本当に自分がしたい事をしていなかった**ように思います。

**家族が望んでいるから、あるいは社会的な価値観としてはこれが常識だからと、みんなの望んでいる道を歩こうとしていました。**

自分が選んだ道ではなくて、他の人たちが望む道。

それは本来、自分が進むべき道ではありません。方向が違っているのです。

しかし、そうかと言って、本当に自分がしたい事、目指している事が明確にあったかと言えば、そうではなかったのです。はっきり言って目標などありませんでした。


そうかと思えば、誰かが成功している話を聞いては、

「他の誰かができるんだから、自分もできるはずだ」

そう思い込もうとしていました。

だから、目標設定にも無理があって、自分が本当に好きな事や、したい事とはかけ離れていて、希望が見えなくなっていたのです。

そんな事は心のどこかで、自分でわかっていた事なのに、それでも無理に目標に向かって進もうとしていました。

**自分が目指す「目標」も持てないのに、目の前に現れる「幸運の女神」が見えるはずもありません。**

結局は、あの頃の私は「迷い続ける人」だったのです。

明確な目標がなかったら、どこを目指して進めばいいのかわかりません。

そして、目標が明確でなければ、どこまで行けば成功と判断できるのかもわからなくな

ってしまう。そんな自分の「成功」を見つけるループの中を、私はグルグルと回っていたように感じます。

目標設定に無理があると、自分自身の身体や心に無理がきてしまいます。私が身体を壊して、長期の入院をしたのも、今思えば、これが原因だったのだと思います。

世の中には、私と同じように無理な目標に向かって頑張りすぎて、身体を壊したり、あるいは心を閉ざしてしまっている方も多いと思います。

それが自分の事だけならまだしも、家族や友人に迷惑をかけてしまっている方もいるかもしれません。

会社の経営をされている方なら、従業員や取引先、そしてお客様にも無理を言って、迷惑をかけてしまっているかもしれません。

そして無理な目標を設定して、その目標が達成できなくなった時、往々にして私たちは「自分が無意味で、無価値な存在だ」と認識してしまいがちです。

そうなった場合、自分の失敗を認めたくないものですから、「自分や周囲の人たちを責めてしまう」という責任転嫁の状況になってしまいます。

そんな状態にならないためにも、**他の人の目標ではなくて、自分が本当に望む目標、そして無理のない目標を立てる**事です。

目標は、初めは何となく漠然とした目標でいいと思います。

たとえば、知り合いの会社の社訓は「世のため、人のため」といったものでした。

その目標を初めて聞いた時は、漠然としていて、意味がよくわかりませんでした。でも、そこの会社は、結構業績がいいのです。その目標に、社員や多くの方々は共鳴しているという事なのでしょう。

そしてきっと、その言葉は、**「知人の本当に望む目標」**なのだと思います。

## 「今の仕事は、何のために、誰のためになるのか」

当たり前の事なのですが、人生は山あり谷ありで、良い事があれば、良くない事もあります。「そんな事は知っているよ」と言われそうですが、現代人は誰でも「幸せ」を求めていて、「悲しみ」を望んでいないため、この「山あり谷あり」という事を忘れて、「山」ばかりを見がちになっている人が多いのだと思います。

結果が目標に合ってなかった時、私たちは往々にして落ち込んでしまったり、志なかばで諦めてしまいがちです。

時に、借金を抱えてしまったり、あるいは誰にも認めてもらえなくて、孤独になってしまう状況というのもあると思います。

そんな時だからこそ、心の平安というのが大切になるのです。

何も問題がなくて、上手くいっている時は、「これでいいんだ」と思って、さらに前へと進むでしょう。

ところが、**何かの問題が出てきた時に、自分が試されるのです。心の中の本質が問われるのです。**

**「そもそも、なぜこれをしようとしていたのか？」**

山あり谷ありの、谷底に落ちた時だからこそ、この問いが浮かんできます。

「お金のために、目の前にある事をしようとしていた」のかもしれません。それはそれで間違いではありません。

しかし状況が最悪で「谷底から這い上がって、山の上まで目指そう」とする時だから、心の中にある本心が、そして理由や動機がえぐり出されるのです。

**山を登る時の苦労を思う時、それを後押しする動機があるのか？**
**達成しようとする、その理由は何なのか？**
**その気持ちは、自分の本心なのか？**

人間は、何かをしようとする時に、どんな状況でも必ず理由や動機が必要なのです。会社に雇われている場合、上司に言われたり、担当している顧客の要望があったからとか、様々な理由はあるかもしれません。

それでもその本質的なところに、
**「今の仕事は、何のために、誰のためになるのか？」**
といった深いところでの理由が必要なのです。

そしてそれらの理由を浮かび上がらせていくと、その根本にあるのは、結局は**「誰かの幸せを思う気持ち＝愛」**になるのだと思います。

今している事が、誰かの役に立っている。

その気持ちが「愛」なのです。

それは男女間や恋愛の「愛」とは異なっていて、「人間の尊厳」と言って、人を大切に思う気持ちです。

人間の尊厳とは、**「誰かを大切に思う事であり、目の前にいる人、一人ひとりを大切に思う」**という事なのです。

そしてそれは**「自分自身を大切に思う」**という事と同じであり、**「自分が今ここに存在する事を大切に思う」**という意味でもあるのです。


だから、山あり谷ありの、谷底から山の頂上へと、高みを目指す時に必要な動機は、結局のところ「人を思う気持ち」であり、「愛」なのだと思うのです。

真摯に自分自身に向き合い、心の声を聞いてあげる。すると、少しずつ自分の本当の気持ちがわかるようになります。

そして諦めないで、少しずつでも前へと進むと、自分やまわりが整っていって、考え方や人間関係、会社の状態なども変化していきます。

## 「自分は何をやりたいのか。なぜ、やりたいのか」

拙著『パワースポットのつくりかた』（フォレスト出版）にも書いたのですが、似たような数あるお店がある中で、人気があって入りたいと思わせるお店には、「人を惹きつける何か」が必ずあります。

「人間には幸せになりたいと願う根本的な気持ち」があります。

だから、「幸せ」な気持ちを持っている人には、人が集まってくるのです。そして「幸せ」な気持ちを持っている人がお店を経営していたら、そこにお客様が入ってくるのです。

その事を理解して、「幸せ」を多くの人たちに与えられるように環境を設定してあれば、人は惹きつけられるように入っていくのです。

「食うや食わずの状態で『ミッション』などといった事を考えるのは、それは贅沢《ぜいたく》だ」と言う知人がいました。

それはもっともな意見で、確かに一理はあるのだと思います。

「ミッション」というような、自分の生き方を考えたり、思い描いたりする事は、「食べる」といった基本的な欲求が満たされてこそ、浮かび上がってくるものなのかもしれません。

しかしそれでも、経済的に困窮している状態だからこそ、這い上がるために、自分自身を見つめなければいけない時というのも、確かにあるのだと思います。

**もしあなたが、何かに困っていたり、苦しんでいて、迷い続けていて、谷底にいると感じているなら、そして希望の光を見つけようとしているなら、這い上がって山の頂上へと、自分を押し上げていくための理由や動機を、心の中から拾い上げて浮かび上がらせなければいけません。**

光が当たらないような暗い谷底にいたとしても、悪い事ばかりではありません。

「自分が自分であるために、存在するための理由を考える機会が訪れた」と思ってはどうでしょう。

何もかもが上手くいっている状態なら、そんな事を考える事もないでしょう。

しかし、最悪な状態だからこそ、何か上手くいく方法や方向性、そして光となる希望を思い浮かべなければいけないのです。

**「自分は何をやりたいのか」といった方向性、「なぜ、やりたいのか」といった理由や動機**などを考えてみます。

それは、今のこの時でしか考えられない事であり、今だからこそ行動できる事なのです。

そのチャンスが、やっと今、訪れてきたのです。

そう思うと、ちょっとワクワクする気持ちになってきませんか。

そして、**自分が目指すべき方向性、動機が頭の中に浮かんできたら、そして絶対に自分を変えたいと思うならば、必ずやあなたを変えてくれる「ターニング・ポイント」があなたの目の前にやってきます。**

心の扉を開いてこの本を読んでいくと、きっとあなたの助けとなる「ターニング・ポイント」がやってきて、あなただけの「ミッション」が、光り輝いて見えてくると思います。

## 「何気ない一瞬」が、人生のターニング・ポイントになっている！

**私たちはすでに、それぞれに与えられた「ミッション」を生きています。**

「ミッション」を、人生に課せられた「使命」と捉える方がいると思います。

ただし、「自分の使命は何なのか？」と考えると、少し難しく感じるかもしれません。

だから私は、この**「使命」を、「生き方」**と言い換えてわかりやすくしています。

**「自分の生き方は何なのか？」**

そんな疑問を思ったら、目を瞑《つむ》って、過去を振り返って「自分の人生の軌跡」を頭の中に浮かび上がらせてみましょう。

数分間目を瞑って深呼吸をしてみると、これまで思ってもみなかった「自分の歴史」が、光のもとに晒《さら》されて、目の前に引き出されるように現れてくると思います。

良い事もあったでしょう。

あまり良くない出来事もあったと思います。

苦しくて悲しくて、どうしようもなくて泣いた時もあったでしょう。

悔しくて腸《はらわた》が煮え繰り返って、眠れない夜もあったかもしれません。


そんなふうに過去の出来事を思い出してみると、苦しかった事や、悲しかった事は、すぐに頭の中に浮かぶのに、嬉《うれ》しかった事や、楽しかった事は、なかなか浮かび上がってこないと感じる人もいると思います。

その理由はなぜかというと、嬉しかった事、楽しかった事というのは、いつの間にか、自分にとって「当たり前の出来事」と捉えてしまっているからなのです。

そして、苦しくて悲しい出来事は、心の中で「当たり前ではない、あってはいけない出来事」と捉えてしまっているからなのです。


しかし、**苦しかった事、悲しかった事、そして嬉しかった事、それらが全部、今の自分を成長させてくれて存在させてくれた、大切な要素**なのです。

振り返ってみれば、ちょっとした事がきっかけで嬉しくなって、楽しくて、それで前へと進めた事があったと思います。

**何気ないそんな一瞬が、人生を変えるような「ターニング・ポイント」となっている場合が多いのです。**

私たちはそれぞれに「ターニング・ポイント」を経験しています。しかし経験している最中には、「自分が何のためにしているのか」わからないものです。

それでも、時間が経って振り返ってみると、過去に経験した中に、キラリと光る「瞬間」が浮かび上がってきます。

その時に、「あの時が、自分にとってのターニング・ポイントだった」と気がつくのです。

そんな「点」をいくつも思い浮かべて、つなげていって、「線」にしてみると、それまでの人生の軌跡が見えてきて、川の流れが一気に流れるように、物事が動き始めるのです。

そうして「点」と「点」がつながって、線ができてきたら、きっと水が流れるように人生の軌跡も感じると思います。

そしてもうその時には、すでに「自分のミッション」の意味が少しわかってきていて、未来への道が何となく見えているのです。

## 面接で聞かれた「君にとって大切な趣味とは？」

私がシリコンバレーに住んでいた時、とある会社に面接に行った時の話です。その頃私は、ウェブデザイナーとして働いていて、求職中だったのです。

面接に対応してくださった方は、すでに会社を退職していて再雇用という形で働いていたようでした。70歳は過ぎていたように見えました。

「私は、これまで様々な会社の人事で働いていてね。有名になった会社もたくさんあるんだよ。もう本当は働かなくてもいいんだけど。知人に頼まれてここで人事をしているんだ。君のポートフォリオを見せてもらったけど、素晴らしい仕事をしているね。採用するのには、何の問題もないだろう。

さて、これは大した事じゃないんだが、君は趣味を持っているかね？」

彼がそう聞いてきた時、彼が仕事の話とはまったく関係のない「趣味」の話をしてきたので、私は戸惑って、何て答えていいのかわかりませんでした。

「すまない。いきなり趣味の話をしても、意味がわからないかもしれないね。僕が言いたいのは、仕事以外で何かに打ち込める事があるかと聞きたかったんだ」

「そうなんですね。私はオフロードバイクが趣味です。毎週、週末になると山に行ってバイクに乗っているんです」

私は、質問の真意がやっとわかって、その頃のめり込んでいたオフロードバイクの話を胸を張って言いました。

「そうか。そうか、君はオフロードバイクが趣味なのか。気持ちを打ち込める趣味があって良かった。趣味はとても大切だ。

**毎日、家と職場だけを往復して働いていても、あっという間に時間は過ぎ去ってしまうからね。**

**そして気がついた時には、人生がとてもつまらないと感じてしまう。そんな日々を過ごしていると、『生きている意味』がわからなくなってしまうよ」**

そんなふうに、彼はそれまで過ごした人生の様々な「点」を振り返り、思い浮かべて話していたのだと思います。

「人生は、仕事やお金がすべてではない」というふうに考える人は、アメリカには少なからずいて、「趣味をするためにお金を稼ぐ」と考える人も大勢います。

趣味をするにはお金がかかる。だから、その必要なお金を稼ぐために仕事をする。そんなふうに、仕事をする意味を捉える人も多くいるのです。

だから、休暇を十分に取って、休暇中はのんびりと過ごして、あるいは趣味のために入れ込んで、そのために仕事をするといった事は当然の権利として考えるのです。

まさに、「趣味の中に自分の価値を見つける」という考えなのでしょう。それもまた「人生の意味」を見つけるヒントになるかもしれません。

# 第2章

# 人生のミッションは、「幸せになる事」

## 「成功」とは何か？

一般的に言われている**「成功」という定義は、「お金を持っている」「社会的な地位が高い」「多くの人たちに知られている」**といったような事だと思います。特に年齢が若いうちは、このように考える人は多いようです。

たとえば、SNSなどで「いいね」のクリック数が多いとか、「フォロワー数」が多いとかで、成功したかどうかを判断するような傾向は確かにあります。

「多くの人たちに受け入れられている」という事が、成功の判断基準だという考えは、一般的になってきています。

そのような考えは、もちろん多くの方が望む事であり、成功の度合いを測る要素にはなります。しかしそれらの事柄は、心の成功や、満足度を確実に保証するものではありません。

お金を持っている、社会的な地位が高い、多くの人が知っているとか、そのような事柄は、人生に大きく影響を与える要素ですが、「成功」そのものではないのです。

年齢が若い頃は「経済、名声、権力」などに興味を持つ傾向が強いのでしょう。

しかし、年齢を重ねるにしたがって、「成功とは何か？」「人生に何を望むのか？」の問いの答えが変化していくのです。

歳を取るにしたがって、**「成功」とは、目に見えるようなそれらの要素ではなく、「幸せ」そのものだと考えるようになっていく**のです。

## 幸福度を上げる方法は「人とのつながりを大切にする事」

「私たちに幸福をもたらすもの」というテーマについて85年間という、世界で最も長い時間をかけて研究をしているところがあります。

それは、ハーバード大学医学部精神医学の「幸せについて」の研究です。

そこの臨床教授であり、ハーバード大学成人発達研究所所長の、ロバート・ウォールディンガー博士が２０１６年に、ＴＥＤ（催事企画、イベント企画を創造する企業）で話した講演は素晴らしく、なんと４５００万人もの人たちが視聴しているのです。

その講演の中で彼は、「一生を通して、私たちを幸福で健康にするものは何でしょう?」と、問いかけてきます。

研究チームは、その答えを探るために、725人もの白人男性を85年にわたってリサーチをしました。興味深いのは、このリサーチの中に、かつての大統領、ジョン・F・ケネディも含まれていたという事です。

その研究では、若い頃には、やはり「名声や富が人生を幸せにする」と答えた人が多かったそうです。

しかし歳を取って、残された時間が限られてくると、考え方が変わってきます。

参加者たちは、**年齢を重ねるにしたがって、「名声や富」を持っているかどうかに関わらず、幸福度を増しているの**です。

その秘密はいったい何なのか。

その幸福度を上げる秘密の方法がわかれば、多くの人たちの幸福度も上がるに違いありません。

その方法とは、**「今現在の瞬間を大切にする」**という事だったのです。

いわゆるミドルエイジと呼ばれる、50歳頃を過ぎると、参加者は自分が過ごす時間を大切にするようになっていったのです。

ポジティブな情報に目を向けたり、時間をより有効に使ったり、そして**「人間関係を大切にする」**ようになっていきました。

さほど難しい事ではなく、そのような簡単な事柄が、それぞれの幸せ度を上げていったというのはとても興味深いです。

究極のところ、幸福度を上げる秘密の方法とは、**「人とのつながりを大切にする」**という事だったのです。

**人とのつながりを大切にすると、幸福がもたらされ、さらに健康で長生きするという結果も証明された**のです。

この研究からは、**社会的なネットワーク、そして社会活動への参加は、「人間関係を良好にしてくれ、心臓病、糖尿病、関節炎などを発症する可能性を低くし、認知機能低下の発症も遅くしてくれる」**という結果も導き出されました。

## 「孤独」は寿命を短くする

そして、**既婚者の寿命が独り身に比べ、平均して女性で5~12年、男性で7~17年長い**事も判明したのです。人間関係が「人生の幸せ度」に大きく影響を及ぼして、健康や寿命にも関係するという結果にも驚かされます。

なぜ、既婚者の寿命が長くて、独り身だと短いのかと言えば、**「孤独」は健康状態を悪化させる大きな要因**だからです。

「私たちは皆、ほとんどの時間を携帯電話を見て過ごすため、お互いの人間性を無視し、自分のまわりの世界に無関心になっているのです」

ウォールディンガー博士や多くの人々は、このコロナ禍でのパンデミックの経験を通して、デジタル技術などの進化によって「孤独」が加速されたと感じています。

ここ数年の間、多くの人たちにとって人間関係を構築する事が難しく、そして孤独でいる事に慣れてしまい、人とのつきあいが疎《おろそ》かになりがちです。

そして「孤独感」が増して、「人生の幸せ度」が低下しているのです。それは結果的に、健康状態や精神状態に大きな影響を及ぼしているのです。

彼らの研究から、**「良好な人間関係が幸せ度をアップさせて、逆に孤独は低くさせ、寿命を短くする」**という事がわかったのです。

そして、**「孤独」は、独りよがりな状況を生み出し、自分の「人生のミッション」を不明確にしてしまい、精神的にも悪い影響を及ぼしてしまう**のです。

そのように孤独が人間にとってよくないのならば、できるだけ人とのコミュニケーションを取るように心がけて、孤独を排除するようにすれば幸福度が上がり、健康にも良い影響があるという事でもあるのです。

## 人生の究極のミッションは、「幸せになる事」

私たちにとって、仕事と人間関係、その両方とも大切です。経済的に安定していて、生活するのに十分なお金は必要ですが、**仕事のためにすべてを犠牲にしていては、人生で多**

**くの事柄を犠牲にしてしまいます。**

お金や仕事の成果などで明確になる数字は、わかりやすく測定可能なものです。しかしそれらの数字を、人間関係よりも優先してしまうと、「人生の幸せ度」に対する思いが疎かになってしまいます。

たとえば、銀行口座の貯金額の数字をずっと眺めていても、人間関係の密度が上がるわけではありません。

それどころか、数字だけを見ていると、いつの間にか大切なものが後回しになって、人間関係の重要度が、いつの間にか低くなってしまいます。

結局のところ、人間は誰でも潜在的に「幸せ」になりたいと思っているのです。だからこそ、**人生の究極のミッションは、「幸せになる事」**だと言えるのです。

## 人を幸せにすると、自分が幸せを感じる

目に見える物質的な物は、いつかは壊れたり、消えてなくなってしまいます。

そのような、常に変化する物に思いを固執《こしつ》させてしまうと、購入した物が壊れた時に、次の物へと固執する対象が変わってしまいます。

それは、自分が固執する対象だけでなく、自分の幸せへの思いも変化していくという事をも意味します。

次から次へと何かを購入し続ける姿は、まるで川の水に流されて、次々と幸せという名前の虫を餌として探す魚のようです。

そんなふうに、幸せの対象を変えている状態の時には、次々に何かを購入しなければいけなくなるのです。

しかし、「幸せになる」という目的のためにお金を使おうと決めた時には、何かしらの

経験を得る事ができます。そして、ただ単純に物を購入して喜ぶだけではなく、人とのつながりが深まっていきます。

大切な人のために、あるいは新しい人々と知り合うためにお金を使うと、人生の幸せ度が深まります。

**決して変わる事がない永遠なものとは、「大切な経験」や「幸せな思い」であり、そういった「幸せ」は、いつまでも心に残るものです。**

**経済的、物質的な豊かさを、自分が「所有する幸せ」から、それらを「どのように使うのか」というふうにイメージしてみると、「幸せ度」もさらに実感していく**と思います。

テレビショッピングで有名な「ジャパネットたかた」の髙田明《たかたあきら》さんですが、彼は「商品を売るだけでなく、買ってもらった人たちに商品を通じて感動を味わってもらう」という事をミッションにしているそうです。

たとえば、少し大きめのテレビを購入してリビングに置いた時に、そのテレビの前で、家族の会話が増えて、楽しく団欒《だんらん》して、生活が豊かになる。

そんなふうに消費者に、「幸せな風景が具体的にイメージできる言葉を伝える事」を大切にしているそうです。

そのような説明をされると、そのテレビを大切な人と一緒に見て、感想を言い合ったり、笑ったり、涙したりとか、そんな幸せな時間と空間のイメージが頭の中に浮かび上がってきます。

髙田さんのビジネスの二つのミッションは「人を幸せにする事」、そして「感動を味わってもらう事」だそうです。そんなふうに「幸せな風景を言葉にする事」で、多くの方々に愛される会社となったのです。

この髙田さんのお話からわかるのは、**私たちの人生の「ミッション」は、「幸せになる事」であり、そしてその「幸せ」を人々に共有してもらう事で、お互いが「幸せ」になる**という事です。

私たちは「人を幸せにする」ためのお手伝いをする時にも、「幸せ」を感じるのです。

## 宇宙の基本原則は「自由意志」

**この宇宙の基本原則は「自由意志」です。**

これはまわりを見渡して、誰かと同じような事をするような時でも、自分の自由意志で選んだのであれば、その行為を尊重する、という事でもあるのです。

そして、生まれてくるのも、死んでいくのも、自分で選択したのなら、その意志を尊重するという事でもあるのです。

以前、生死の境を彷徨《さまよ》っている妊婦さんのヒーリングをさせていただいた事がありました。その時、病院に入院している彼女を訪ねると、

「明日でしたら、多分もう生きていなかったと思います」

と言われました。それだけしんどくて苦しかったのでしょう。

お腹の中には、23週目の胎児がいました。お母さんと同じで、苦しかったのだと思います。

すぐに瞑想を通して、お腹の中の胎児に話しかけました。

「君は生まれてきたいのかい？」

「わからない」

僕にはそう答えたように聞こえました。それまで胎児は「生まれたい」と言うだろうと思っていたので、とても驚きました。


心は身体に影響を及ぼします。その頃、嫁いだ先の家族との様々な出来事がお母さんの心と身体に影響を及ぼしたのでしょう。

そしてその事を、胎児も感じていたのだと思います。だから生まれるという事を躊躇《ちゅうちょ》していたのです。

私は、何とかこの子に生まれてきてほしいと思ったのですが、**生きる事の素晴らしさを伝えられなければ、この子は生まれてこない**と感じました。


私は、自分が生まれてからこれまで生きてきて、楽しい事、素晴らしい事だけを経験したわけではありませんでした。

それどころか自分の人生を思うと、辛い事、苦しい事、悲しい事ばかりが頭の中に浮かんできます。

それでも、この子が生まれてきたいと思えるような、何か良い事を伝えたい。

自分が経験した中で、素晴らしいと思える事を伝えなければ、この子は生まれてはこない。


自分の過去を振り返って、思い浮かべれば、そんなに大した事じゃないけど、生きていて良かったと思える事もありました。

**「君が生まれてきたら、きっとお母さんと一緒の時間が過ごせて、幸せな時間を過ごせるよ」**

私はその時、それは本当にそんなに大した事じゃないなと思ったのです。その言葉だけで、この子が「生まれてきたい」と言うとは思えなかったのです。

ところが、その子は、

**「わかった。それなら生まれる」**

と幸せそうに笑顔を浮かべながら、そう言ってくれたのです。

それからすぐに、その子は帝王切開で生まれてきて、後遺症もなく育っていきました。

あの時、**彼は「人生でお母さんと幸せを経験する」という「ミッション」を、自分の「自由意志」で決めた。**そこには確かに「愛」があって、彼の生きる力になったという事なのです。

私たち、今この地球に生きているみんなは、多かれ少なかれ、このような大変な経験をして生まれてきているはずです。

大人になって、生まれてきた時の事は忘れているかもしれないけど、**みんなそれぞれが「自由意志」で、「幸せ」になると決めて生まれてきた**のです。

だからこそ、「生きる」という「ミッション」を忘れないで、「幸せ」を諦めてほしくないと思うのです。

## 私たちは生まれた時から「ミッション」を生きている

私たちは生まれた時から、それぞれの「ミッション」を生きています。

それは、**生まれた時に、すでに「自分の人生を生きる」と決めて、「生まれて」きてい**

**る**という事であり、そして、**それぞれの人生を通して「幸せになる」と決めてきている**という事なのです。

歳を取るにつれて、そのような目的は、もうすでに忘れているかもしれません。
人生の中で「こんなに辛くて苦しいなら、生まれてこなければよかった」と、思うような出来事があって、「幸せに生きる」というミッションを諦めようと思った時もあったかもしれません。

それでも私たちは**「生まれる前に、人生で起きるすべてをすでにわかって生まれてきている」**のです。
人生で経験する、悲しい事、苦しい事、辛い事など、起きる事がすべてわかっていたのです。どんなに辛くても、私たちはこの世界に生まれてきて、それらすべてから「逃げないで」経験すると決めてきているのです。

辛くて大変な事があっても、悲しくて厳しい事だらけの人生だったとしても、生きていれば「一瞬のきらめき」のような「幸せ」があります。

その「一瞬の幸せ」を経験するために、私たちは生まれてきたのかもしれません。

それは「お金、名声、地位」といったものではなく、**誰かと出会って、心を揺さぶられるような感動を得て、心を成長させていく。そんな時に「一瞬のきらめき」を感じるもの**なのかもしれません。

## ラスト・ミッションに気づくのを邪魔する3つのステップ

### ●ステップ❶　カルマによって、本来の自分が閉じ込められ、「ネガティブ感情」を持つ

地球に生まれた人たちは、どんな人でも心の中では、みんな「幸せになりたい」と思って生まれてきているのです。

しかし時が経って、だんだんと大人になるにつれて、「生きるのは大変だ。幸せな事ばかりではない」という事に気がついていくのです。

「生きていると、辛くて苦しい事ばかりだ。もう死んでしまいたい」と、思う人も出てくるかもしれません。

みんな「幸せになる」ために生まれてくるのに、幸せを感じられないというのはとても悲しい事です。

なぜ、そんなふうに感じてしまうのでしょう。その理由は何なのでしょう。

自分では「幸せになりたい」と思っているのに、そうなれない。


それは、**「目には見えない大きな力」が働いている**からなのです。

その外的な要因を**「カルマ」**と呼びます。

仏教では**「諸行無常《しょぎょうむじょう》」**と言って、この世に存在するすべての事象は変化するもので、一瞬過ぎには同じ形ではないと説明しています。

「諸行」というのは、因縁（カルマ）によって発生し、目に見える形となって現れる現象です。そして「無常」とは、すべての物は常に変化して、変わらないものはないという意味です。

要するに、**「諸行」というすべての現象は、「カルマ」によって発生して、形ある物は常に変化していく**という意味です。

カルマというのは、「すべての結果や報いには由来があって、理由がある」という考えです。元々はヒンドゥー教や仏教などで用いられていた概念だそうです。

それは簡単に言えば、**「すべての思考や言動、行為は、結局は回り回って自分に返ってきて、自分に影響を及ぼす」**という考えなのです。

善い行いをすると善い報いが返ってきて、悪い行いをすると悪い報いが、過去の行為に応じて、現在や将来に同じような現象が現れます。

それは「輪廻転生《りんねてんしょう》」とも関係があり、魂が生まれ変わりを繰り返す際に前世の行いが今世に、そして今世の行いが来世に影響を与えるのです。

「幸せになりたい」と思うのに、そうなれないと感じるなら、それは過去にした行いの影響なのかもしれません。

そのような影響を受けてしまい、結果として「ネガティブな感情を持ってしまう」という事は多分にあると考えられるのです。

## ●ステップ❷　ネガティブな感情によって引き寄せられた環境に振り回される

そのようなカルマという因縁には、私たちが本来思っている気持ちとは関係なく、**「物事をまったく違った姿へと変えていく」**力があります。

そして、自分が思う方向とは違う方向へ進んでしまうと、自分自身を責めてしまい、心の中に**「ネガティブな気持ちが発生」**してしまいます。そのネガティブな感情は、さらに**自分自身を「幸せ」から遠ざけてしまう**のです。

ダライ・ラマ法王猊下《げいか》は、講演会の中で「カルマの中に閉じ込められる」という表現をよく使います。

何かしらの行為をして、カルマという因果をつくってしまうと、そのカルマの影響を受けた力が働き、目に見える形となって様々な現象を発生させてしまいます。

そんな現象を「ただの偶然だ」と捉えて、原因であるカルマを見ようとしなければ、カルマは永遠に存続します。そして時を隔てて再び同じような現象が起きてしまうのです。そしてそれは、輪廻転生を繰り返しながら、同じような現象を何度でも起こさせるのです。

私たちは普段、そのような現象を偶然だと捉えがちです。

結果だけ、起きた現象だけを見ていると、それはまるでこんがらがった糸のような状態になっていると感じると思います。何をどうしたらいいのか、解決の糸口がまったくわからないように見えてしまいます。

そんな混乱した現象が起きた時、私たちは、その事になるべく関わらないで、見ないようにして、考えないようにしてしまいます。

「嵐が過ぎ去るように」、じっと耐えようとするのもそんな時です。喉元過ぎれば何とかなるだろう、やり過ごそうとする事で、速やかに通常の生活に戻る事を期待します。

そうして、混乱した現象が過ぎ去っていった時に、「もう大丈夫」と思ってほっとするのです。

しかし、その場はやり過ごせたとしても、いずれまた、まったく違った時間と場所で、状況が変化しても、同じような現象が起きてしまうのです。なぜなら、原因であるカルマはまだそこに存在するからです。

そんなふうに、同じような現象が何度も繰り返し起きて、苦しんでしまう状態を、**「カルマの中に閉じ込められる」**というのです。

## ●ステップ❸　ネガティブな感情により同じ失敗を繰り返し、本来の自分を忘れる

**何らかの現象を起こさせる因縁「カルマ」があると、結果となる現象が必ず起きます。**

これは宇宙の原則です。たとえば宇宙の端で何らかの現象が起きたら、バランスを取ろうと、呼応した現象がまったく違った場所で起きます。

Aという場所で起きた事に呼応して、Bという場所で相反する事を起こす。

何かを押し込むと、同じ量の違った物が違ったところから現れ出てくる。

それは、ブラックホールとホワイトホール、あるいはパワースポットとネガティブな場所のようなもので、まったく異なる場所で呼応する二つの関係として見る事ができます。

これは、**3次元の空間だけで起きるのではなく、時間軸を飛び越えて起きる**事もあります。過去で起きた同じような事が、現在でも起きてしまう、あるいは未来でも起きてしまうのです。

これは「カルマ」が消えない限り、現象は次から次へと起きてしまうという法則があるからなのです。

それは、まるで植物の種と、発芽して出てくる芽のような関係のようです。

地面の下に種があると、地面の上に芽が出てきます。そして、いくら地面の上に現れた芽を取り除いても、種となるカルマが地面の下にある限り、何度でも地上に芽が出てくるのです。

それは結果として、同じような現象を何度でも発生させてしまうのです。

**目に見える現象だけを見て解決しようとしても、目に見えない地面の下にある「種」であるカルマを取り除かない限り、根本的な解決にはなりません。**

それなのに、何をどうすればいいのかわからなくて、起きてしまった現象に惑わされて、同じような失敗を何度も繰り返してしまう。

そして、ネガティブな感情に覆われて、自分を責めて落ち込んでしまう。

そんなふうに失敗を繰り返していくと、「ネガティブな感情」は段々と増幅してしまいます。

そうして、**いつの間にか「幸せになるために生まれてきたというミッション」を忘れてしまう。**本来の自分は、「幸せになるために生まれてきた」のに、自分の意識がいつの間にか霧に覆われてしまい、自分がわからなくなってしまうのです。

## 「瞑想」で、カルマの糸口を探す

そんな時は、まず心を落ち着かせて、**「起きてしまった現象を客観的に見る事」**が大切です。そして、冷静に現象を理解して分析します。

**すべての物事には、カルマを見つけるための「糸口」が存在します。**

しかし、その糸口は、小さくて見えなかったり、隠れていて表面に出てこなかったりします。

その状態を解決するために、**「瞑想」**が役に立ちます。瞑想は、こんがらがった糸のもつれを解決する糸口を見つけさせてくれます。

何の解決方法も見つからないように見えた現象に光が射し込み、糸口を浮かび上がらせ、世界を変えてくれます。

逆に言えば、**瞑想だけが「カルマ」に閉じ込められた世界を変える方法**と言えるのかもしれません。

瞑想は、「心の中のわだかまり」を打ち消してくれます。それぞれの意識の在り方を見せてくれるのです。

しかし、「瞑想をして心の中の葛藤を整理して、自分を変えようと思う人」は、さほど多くないように感じます。それは、その段階まで行くのには、いくつかのプロセスを経て、たくさんの経験をしなければいけないからです。

途中で諦めて、「とりあえず、現状さえ何とかなれば、それでいい」と思って、結局、同じ過ちを何度も繰り返していく。そのように考えてしまう人は少なくありません。

しかしそれでは、「幸せ」になるという人生のミッションから段々と離れていってしまいます。

そんな事がないように、**自分の生まれてきた目的、幸せになるというミッションを忘れない気持ちが大切**なのです。

最終的に、私たちが必要なのは、結局のところ、**「幸せを諦めない」強い気持ち**なのだと思います。

# 第3章

# 「ラスト・ミッション」に気づく3つのステップ

## 人間の本質は「意識」

「我思う、ゆえに我あり」という言葉で知られている17世紀のフランスの哲学者ルネ・デカルトは、「〝自分はなぜここに存在するのか〟と考える事自体が、自分が存在する証明である」という事を提唱しました。

「思う」という事が、自分が存在する理由だとすると、「思う」という事がとても神性に感じられます。

デカルトは、**人間の本質は「意識」**だと考えました。そして**「意識」が「身体」を動かす**と考え、「その二つは別々のもの」という事を証明するために、ある実験をしたのです。

彼はまず、鏡に向かって意識と身体の二つがまったく別のものとして考え、イメージしました。そして目を瞑って、自分の身体が存在しない状態で、意識だけの存在だと想像しました。

そして意識だけの状態で、部屋の中を歩きました。すると歩き回って、コップに水を入れて飲む事もできました。

彼はその事から、身体が存在しない意識だけの状態でも、イメージができて、さらに行動ができるという事を証明したのです。

それから実験の後半では、彼は前半とは逆の事を想像します。意識がなくて、身体だけが存在している状態です。そして、同じように部屋の中を歩こうとしました。するとどころか、身体をまったく動かす事ができなかったのです。そして意識が存在しないという事を、想像する事すらできなかったのです。

デカルトは、この実験から、**「身体を動かしているのは意識であり、意識がなかったら身体を動かす事はできない。そして想像する意識がない状態では、思うという事すらできない」**と結論を出したのです。

そして**「意識と身体は、異なった別々の存在であり、私たち人間の本質は意識であり、身体がなくなったとしても意識は永遠に残る」**と提唱したのです。

「我思う、ゆえに我あり」という言葉は、このような実験から生まれてきた言葉であり、「思うという事が『意識』がここに存在しているという事の証明になる」といった意味なのです。

私たちの「意識」は、「幸せになるというミッション」を遂行しようと、脳から指令を出して「身体」を動かします。そのため、人間の本質であるこの「意識」を理解する事がとても大切なのです。

## 「意識、心、身体」の絶妙な働きで水を飲む

デカルトは、「人間には『意識』と『身体』がある」と言っていたのですが、現在では、そこに「心」という存在を加えて、**「『意識、心、身体』の3つの要素が、人間を構成している」**と一般的に言われています。

この3つの要素は、**どれが一番大切というわけではなく、お互いに密接に関係していて、なくてはならない要素**なのです。

たとえば、水を飲みたいと思って、水を飲むまでのプロセスを考えてみましょう。

水を飲むだけの簡単な行為ですが、そこには「意識、心、身体」の３つの関係が複雑に働きます。

まず最初に、頭の中で意識が「こうしたい」と決めます。この場合は「水を飲む」と決めます。

そして次に、脳に「水を飲む」と指令を出して、脳から身体の必要な筋肉に電気信号を送り、ある筋肉には縮めるように、異なる筋肉には伸ばす指令を送ります。それは左足と右足、あるいは左手と右手のような、身体の相反する関係の筋肉です。

そして、身体を立ち上がらせ、各筋肉に指令を送りつつ水飲み場まで歩く指令を送り、「水を飲む」というミッションを完結させようとするのです。

意識は、身体を水飲み場まで連れて行き、脳から微細な電気信号を手の各筋肉に送ります。絶妙なタイミングで、指の各筋肉へ異なる微妙な信号を送り、完璧な力の入れ方でコップを握らせます。

そうして遂には、水を入れたコップを口元まで持っていき、これまた絶妙なバランスでコップを斜めにしてバランスを保ちつつ、口の中へ水を少しずつ注ぎ込みます。

このような「意識」から「脳」へ、そして「身体」へと指令を送る時に、「心」はどのような働きをしているかというと、「心」から「脳」へと、微細な信号を送っています。

「喉が渇いているから、早く水を飲ませろ」

「冷たい水がいいから、氷を入れろ」

「そんなに飲みたくないから、ゆっくり歩け」

「水を飲んでお腹を壊したくない。あまり飲みたくない」

などと、水を飲むという事、議題に対して、賛成から反対まで、いくつもの意見が電気信号となり「脳」に送られます。

「意識」では、「早く飲みたい」と決めて「身体」を動かそうとしているのに、「心」が間に入って「身体」の動きに影響を与えるのは、このような時です。

意識からの指令に対して身体が思い通りに働かない。電気信号が筋肉に思うように届かない。

そんな意識と身体の関係の間に介入する心の働きを分析すると、よりスムーズに身体を動かす事ができるのです。

たとえば、以前、そこで水を飲んでお腹を壊した経験があったとします。

すると、心は以前の苦しかった記憶を思い出させ、「ちょっと待てよ。以前この水でお腹を壊した。またお腹を壊すかもしれない」と意識を躊躇させ、筋肉の動きにブレーキをかけます。

そのような自分では意識してなかった心の負荷を理解していくと、躊躇している身体の理由がわかって、自分に優しくなれるのです。

**心の働きとは、意識とはまったく別に働き、時に思いもかけないところで、意識している事とは反対の事をさせようとします。**

それは本能とも言える能力で、勘を働かさせてくれ、見えないところで大きな働きをしてくれます。

このような「水を飲むプロセス」というのは、簡単な行為のように思えて、じつは、「意識、心、身体」という３つの働きが噛み合わさって、絶妙に駆使されて初めて遂行される特別な行為なのです。

## 身体の異変は、「心」からのSOSのサイン

この「水を飲む」という行為を、人生に置き換えてみましょう。

私たちが人生を生きる場合にも、同じように「意識、心、身体」の3つの要素のバランスが駆使されて、人生の「ミッション」が遂行されていきます。

その時の**「身体」は、「意識」が決定したからと言って、従順に動くだけでなく、意識では理解できない、言葉にならない「心」の深いところにある思いに大きく影響**されます。

**意識が「こうしたい」と決めて、そして心が「それでよし」とゴーサインを出して、初めて身体が「人生のミッション」を遂行しようと行動する**のです。

もし、**意識が決めた事に対して、心が反対の思いを持っているとするなら、身体は異なった方向へと動こうとします。**

気がつかないうちに、学校や職場から足が遠のいたり、家に帰りたくないと思うような

時は、そのように意識が理解できない心の負荷がある時なのかもしれません。

そのような時というのは、身体に異変が起きたりします。

たとえば、肩こりや腰痛、膝の痛みなど、さほど大した事がない程度に身体の異変が起きた時は、心とのギャップがあるからかもしれません。

そのような**身体の異変は、じつは「心」からのSOSのサイン**なのです。心が、「助けて」「気がついて」と訴えかけているのです。

心のどこかで気がついていても、意識で「そんな事はない」と否定して、無視して身体を動かそうとしている時なのです。

もし、**そんな状態になっても、無理に身体を動かそうとすると、心はさらに強く反発して、身体に訴えてきます。**

**病気になったり、身体を壊して寝込んだり、あるいは仕事や人間関係に影響が及ぶのは、そんな時です。**

## 自分の「心の声」を聞かなかった結果

じつは、私は13歳の時、突然難病を抱えて、長期入院した経験があります。

生まれてから虚弱体質だった私でしたが、小学校高学年頃から、勉強の時間を増やして、さらに陸上部で長距離を走って、無理をした影響だと思います。

あの頃は、友だちが進学や部活などに忙しくしていました。そんなみんなを見ていて、自分が置いていかれるような気持ちになって、「何かをしなくては」と、焦っていたのだと思います。

**私の「意識」は「身体」を無理やり動かして、勉強したり、走ったりしていました。それでも「心」がついていかないで、結局、身体を壊して1年間もの長期入院をする事になったのです。**

**「自分の心の声」を聞かないで、身体に無理をさせた結果でした。**

自分自身の心なのに、それなのに理解できていない事がショックでした。

入院中は、自分の心が理解できなくて、苦しくて、悲しくて泣いてばかりいました。毎日、お見舞いに来る優しい父親に対して、訳もわからずに感情的になって、当たったりしていました。

あの頃は、父や家族を理解するという事もそうですが、自分自身がわからなくなっていました。

「心」を理解するというのが、とても難しくて、「寂しい」「悲しい」「愛されたい」とかいった心の声を、否定しようとしていたのだと思います。

病気になった後は「意識、心、身体」が分離して、一緒に行動しているような気がしなくなってしまったのです。

「何もない真っ暗なところで、生きているのか死んでいるのかわからないような状態」で、意識がどこかへ飛んでしまったような感じでした。

意識が身体と同調していなくて、心も不明確で、フワフワとしてよくわからない状態でした。

そんな感じでしたから、「自分が何を感じて、何が好きなのか、そして何をしたいのか？」といった基本的な事、そして自分自身すらもわからなくなっていたのです。

自分に対して無関心な状態。それに加えて自分だけでなく、他の人、何事に対しても無関心な状態でした。

そんな状態でも、今思えば、父が毎日のようにお見舞いに来てくれていたのはありがたかったです。彼の存在は、自分の心と外の世界とをつなぐ唯一の窓のようでした。

私は、そんな白い霧の中にいた状態から、石橋を叩いて渡るような気持ちで、少しずつ「心」を霧の外へと誘っていったのです。

周囲の人たちとの境界線を明確にしていって、「自分の意識」を「現実世界」に慣れさせながら、少しずつ自分を取り戻していきました。

**それ以来、私は、「身体」に無理をさせないように気をつけるようになりました。**

そしてできるだけ、自分の「心」とコミュニケーションをとって、深く理解することを心がけるようになったのです。

## 「父の愛」に気づいた時

**「心」を知る事は、とても重要です。**

**私たちは心がわかるようになると、自分が本当に進みたい「人生のミッション」の方向性がわかるようになります。**

**そして、「意識」と「心」の方向性が一つに合わさって、心身ともに健康な時に、「身体」は行動する事ができるのです。**


私たちのミッションの根底にあるのは、「幸せ」になるという事です。

すべての人たちの「意識」の根底には、共通した「幸せになるというミッション」があって、そのミッションに向けて身体を動かして遂行しようとします。

その過程の中で身体は様々な経験を得て、心は時に悩み、悲しみ、苦しみます。

そして、すべてを受け入れて、**必要のない思いを手放すと、心をもっと理解できるようになれます。**

そうして初めて**自分を愛せるようになって、それまで助けてくれた人の存在に気がつくのです。愛を与えてくれていた人がいた事に気がつくのです。**

私の場合は、入院していた時の「**父の存在**」が大きかったと思います。

あの頃は、自分の心が何を感じていたのかもわからなくて、心の中の感情を誰にも言えなかったのです。

毎日のように病院に来てくれた父に、感情をぶつけて当たってばかりいて、彼の与えてくれていた優しさや愛に気がつかなかったのです。

そして何年か経ち、父が他界して、それからまた何年も経って初めて「**父の愛**」に気がつき、自分は愛されていたと感じて涙が流れてきたのです。

父が、「小さい頃から身体が弱くて、大丈夫なのかな」と、私の事を心配していたと、父が亡くなって何年も経ってから知りました。

私は発達障害や自閉症、ダウン症などの症状を抱えている子どもたち、そしてその家族の方々に瞑想を通してお付き合いする事があるのですが、長い間、なぜそのような活動をしているのか、自分でも理由がよくわかりませんでした。

でもそれは、私の父が身体の弱い私を心配して、愛を与えてくれていたという経験があったからだと、父が亡くなってずっと後になってからわかったのです。

私が子どもたちに接する時の気持ちは、きっと父が私を見ていた時の気持ちと同じなのです。父が入院していた私を訪れて、心配そうに私を見ていた、あの時の父の気持ちがわかって、やっと心の重荷が下ろせたような気持ちになれたのです。

## 目の前にいる人を幸せにする

「幸せになる」というミッションを果たすのに、最速で、最適な方法があります。それは、**周囲の誰かが必要としている「親切」な心を大切にして、手を差し伸べてあげる**という事です。

「誰かに親切にすると、その行為はめぐりめぐって自分に返ってくる」と言う人がいます。きっとそれは本当で、「誰かに良い行為、あるいは良くない行為をすると、それらは全部自分に返ってくる」のです。

そんな理由があって、**「目の前にいる人を幸せにする」**という事は大切なのです。困った人、助けが必要な人、心が傷ついている人などに手を差し伸べて、親切にしてあげると、その助けられた人が喜ぶ。そしてそれはめぐりめぐって、自分に返ってくるのです。

もし助けてあげるのが難しい時には、**「言葉」をかけてあげる**といいと思います。その言葉の持つエネルギーは、**「ゆらぎ」**というエネルギーの流れを生み出します。

助ける相手に送ったと思っていた「言葉のゆらぎ」は、結局は自分自身に返ってくる流れを生み出し、自分の人生を豊かで幸せにしてくれます。

誰かが幸せになるお手伝いをして、その方が幸せな気持ちになると、私は自分の「心」が浄化されたような気持ちになります。

そして自分のほうが幸せな気持ちにさせられます。

そうして、自分の人生が豊かで幸せになった時、その「幸せ」は、周囲の人たちに伝わって、空間全体を「幸せのエネルギー」でいっぱいにしてくれるのです。

## 左手から受け取った愛を、右手から渡す

以前、私が通っていたチベット仏教のお寺で、ダライ・ラマ法王猊下をサンフランシスコに講師として招待した時のお話です。

あの時、私は関係者という事もあって、壇上からわりと近く、10列目ぐらいの席に座る事ができたのです。

私は、気持ちが良くなるとエネルギーがオーラの中を回るからでしょうか、あくびが出てくるのです。そしてあくびが出てくると、一緒に涙も流れてくるのです。

それが、講話を聞いている時に起きたのです。法王猊下には、それだけ周囲の人に影響を与えるエネルギーがあったのでしょう。あくびが何度も出てきて、涙がずっと流れるようになってしまったのです。

法王猊下は、その事に気がついて、私のほうをチラチラと見て気になさっていたようでした。

そしてすぐ、私の事をじっと凝視するように、数分間かけて見られたのです。それはまるで私のすべてが見られているような感覚でした。私の前世で何があったのか、そして現在、私が何を抱えているのか、などといったすべてが曝《さら》け出されたような感覚でした。

そして法王猊下は、こんなふうに話し始められたのです。

「あなたの左目から流れる涙は、悲しい涙か？
右目から流れる涙は、嬉しい涙か？
そんな事を目がわかって、涙を流すわけではない。
目は何も思わず、自然と涙を流すのだ。
あなたの中には、生まれてからこれまでの間に、受け取ったたくさんの愛があります。
その受け取った愛を、誰かに渡すように、
『左手から受け取った愛を、右手から必要な誰かへと渡す』と想像してみてください。
あたかも目が、何もわからずに涙を流すように、
左手から右手へと、自然と愛というエネルギーを渡すのです。
それは、愛を誰かへとつないでいく事になるのです。

何も考えずに、何もわからずにしているその行為が、
あなたの中の愛を育てていくのです」

そんなふうにおっしゃると、法王猊下は私の顔を見て、満面の笑みで、にっこりと微笑まれたのでした。

## 誰かが幸せになるお手伝い

あの時、猊下に声をかけられたのは、もう15年以上も昔の事になります。

猊下のその時の言葉の真意を理解するのには、何年もの時間がかかりました。頭の中で何度も言葉がリフレインされて、愛について考えさせられました。

「どうして愛を誰かへと渡す事で、自分が抱えている苦しみや悲しみが手放されて、成長する事ができるのか？」

「そもそも、あの時に猊下が口にされていた愛とは、いったい何なのか？」

「その手渡す行為は、本当に私を幸せにしてくれるのだろうか？」

などと、しばし考えてしまう事が幾度となくありました。

それは、「目が何も知らずに涙を流す」という状態とはほど遠く、目が何を考えて涙を流すのかという事を考えていたように思えます。


それからの数年間は、瞑想、オーラリーディング、オーラヒーリングなどを通して、「右手から愛を渡す」という行為をする事に専念しました。

何も余計な事を考えないように心がけ、ただただ、目の前にいる人に対し「少しでも幸せになってもらう」という事を思い、目には見えないエネルギーを透視して動かす事に集中しました。


そういった「誰かが幸せになるお手伝い」をするようになって、確かに私の「心」は、**少しずつ浄化されていった気がします。**とはいえその浄化は、まだまだ完璧なものではなくて、心の重荷やわだかまりといったものはたくさんあります。

それでも、それまで人と接しようとしなくて、人と話すのを極力避けていて、何もしなかった頃に比べると、確かに心が軽くなったのは間違いありませんでした。

猊下のお話を聞いて、わからないながらも他者に親切にしようと心がけて、それから何年もの月日が経ちました。

「あれから、本当に自分は幸せになったのか？」と自問すれば、「あれができなかった。こうすればよかった」などと後悔する事ばかりで、よくわからないというのが正直な気持ちです。

しかしそれでも、何もしなかったら絶対に後悔していたと思う事ばかりなのは確かなのです。

そしてそれは、私が小さいながらも幸せを心の中で感じているという事であり、左手から受け取った愛を、右手から必要な人へと渡すという事が少しはできているからだと思うのです。

## 「無償の愛」と「無関心」

**「愛」の反対の言葉は「無関心」です。**

愛の反対語は「嫌い」だと思っていたのですが、そうではなく、愛の反対語は無関心なのです。

愛には、「条件を伴った愛」「束縛をする愛」を意味する時があります。

それは「何々だから愛している」「愛しているなら何々をする」といった、愛に条件を伴う時、あるいは理由があって愛する時です。

それに対して、**「無償の愛」と言われる愛は、理由や条件が伴わない愛**です。母親が子どもを愛するような愛です。

その無償の愛に対しての反対語が、無関心なのです。

という事は、**「無償の愛」というのは「関心がいっぱいある」状態**だとも言えます。

この無償の愛という事について、ダライ・ラマ法王猊下からお聞きしたお話を紹介させていただきます。

「無償の愛というのは、母親が子どもに抱くような想いです。

子どものために何かをしたいと思う気持ちは世界共通であり、

そんな思いが無償の愛なのです。

しかし、『愛がよくわからない』と言われる方も確かにいます。
そういう方は、愛が何なのかを学ぶ必要があります。
その方法は、映画を観たり、本を読んだり、
あるいは様々な愛に関する経験を通して愛を学んでいくのがよいと思います。
そして学んだ後に、行動を通して他者に愛を実践していくのです」

このような猊下のお話を聞いて、母親や父親が私にしてくれた様々な事柄を思い浮かべると、たくさんの事が思い浮かんできては涙を流させます。

「無償の愛」という事について、感覚的に何となくはわかっているのですが、しかしそれらの事を説明できるかと言えば、とても難しいというのが本当のところです。

だから私は、わからないからこそ、説明ができないからこそ、愛を学びたいと思っているのです。

そして、きっとこの愛を学ぶという事は、私たちを成長させてくれ、宇宙のすべての存在にとっても重要で、必要な事なのだと信じるのです。

## 自分自身に無関心になっている状態とは

**「幸せ」がつくり出す「ゆらぎ」の流れは、やがて受け取った人のもとで愛となって光り輝いていきます。愛は「心」を幸せに、豊かにしてくれます。**

しかし、**愛は、時に受け入れる準備ができていない人を苦しめます。**

「心」の奥底にある思いは、愛の流れに反応して、時に壁をつくらせ、コミュニケーションを止めさせようとします。

そのような時には、**否定的な言葉を言わせたり、聞かないように耳を塞がせたり、口を塞がせてしまいます。**

そうした状況になった時、「ゆらぎ」の流れは一時的に止まるかのように見えます。そして、流れが止まると、淀みが生み出されていきます。

しかし、そんな止まった流れは、いつしか、ダムが決壊するように激しい流れをつくり出します。そして、あたかも自分へ迫ってくる流れのように感じられ、さらに自分を苦しめるようになってしまいます。

**愛のつくり出すゆらぎを感じても、無視して反応しないで、自分とのコミュニケーションを止めてしまうような時は、自分自身に「無関心」になっている時です。**

そのような状態というのは、自分で自分を愛せない時です。

そんな時に、**「人生を豊かで幸せに生きる」という事を、「人生のミッション」にしてみると、「心の中の淀み」は自ずと手放す事ができるようになります。**

自分の心とコミュニケーションをして、感じる事を言葉にすると、淀みをつくっている「心の傷」は癒されて、手放されていきます。

心の中で起きているゆらぎがつくり出す流れを、心とのコミュニケーションを通して理解する。すると「無関心」にさせるエネルギー（心の壁）に気がつき、自分を知る大切な時間となっていくのです。

心を成長させる事ができるのは、私たちが生きている間だけです。身体が存在しているからこそ、様々な経験を通して心が変化し、幸せを感じられるようになるのです。

だからこそ、**目を瞑って「幸せ」がつくり出す「ゆらぎ」の流れや、愛の光を感じてほしい**のです。そうすると、抱えていた心の傷が癒されて、壁が壊れていくのです。

## ラスト・ミッションに気づくステップ❶
## 「古い物や不用品」を整理する

それでは、ここから、「ラスト・ミッション」に気づくための3つのステップをお話ししていきます。


**瞑想をして、「意識」が「ネガティブなエネルギー」を「心」の中から手放すと決めて、心から手放していくと、気持ちが楽になったり、身体も軽くなったりします。**

そしてそれは、「心」や「身体」の中の変化にとどまらず、周囲の人たちとの人間関係、職場の変化、そして家族との関係なども変化させます。

たとえば会社の経営者なら、従業員の辞職、雇用、取引先との関係が変化して良好になったりします。

あるいは、遠く離れた家族との関係性も変化して、何年も話をしていなかったのが、急に電話やメールなどで連絡が来たりします。

それは、**「心の中のエネルギーが変化した事で、眼に見える現実も同時に影響を受けて変化する」**という事を意味しているのです。心と現実世界は、密接に関係しています。

**「心」が変化すると「現実世界」も変化する。**

**そしてそれは逆も然りで、「現実世界」が変化すると「心」も変化する**のです。

たとえば、**自分の部屋を掃除して、必要ないモノを捨てると、「現実世界」が変化します。そして、それに伴って「心」も影響を受けて変化します。**

あるいは、**「身体」を使って運動をしたり、または新しい服を着たりするだけで「現実世界」の変化となり、「心」もそれに伴って変化していきます。**

そうすると、不思議と心の中にある様々な感情、「悲しみ」や「苦しみ」などが手放されていくきっかけがつくられていくのです。

そのような意味もあり、**部屋の中にある「古い物」、押し入れの奥にしまっている「不用品」などは手放すべき**なのです。

そういった不用品は、心が「過去」へと引き戻され、負荷を与えています。手放した後には、きっと新しい出会いや仕事など、思いもかけないような出来事が待っているはずです。

### ラスト・ミッションに気づくステップ❷

## 昔の「幸せな思い出」を言葉にして書く

静かな場所で、目を瞑って深呼吸をしていると、心の深いところが見えてくる瞬間があります。

生まれてから、これまでに出会ったたくさんの人たちの顔が目に浮かんでくるかもしれません。

これまで「幸せな時間を過ごした場面」が、映画のワンシーンのように浮かんできて、愛を受け取った瞬間が思い浮かんでくるかもしれません。

大切な人と過ごした温かい思い出が、まるで少し前までその人がそこにいたかのような感覚で、頭の中に浮かんできたりします。

そのような**「幸せな思い出」**というのは、誰が何を言っても、否定しても、本人にとっては本当の事であり、永遠なものなのです。

そんなあなたの大切な人から愛を受け取った時を、もう少し思い浮かべてみます。

そして**その時の様子を、「言葉」で説明**してみます。

その時に、**頭の中に浮かんだ様々な映像を言葉に置き換えて、紙やパソコンに書き出していく**と、言葉は生き生きとして、まるで命を得ていくように感じるかもしれません。

**言葉は、いったん3次元の世界に書き出すと、その瞬間にそれは「命を持った言葉」に変化して、空気中に微細な「ゆらぎ」をつくり出します。**

**それは、目には見えない心を動かすエネルギーの流れとなります。**

そのエネルギーは「命」を持ち、現実世界へと移行して、目に見える形をつくり出そうと働き出します。

そうしたエネルギーの流れは、水の流れのように、高いところから低いところへと、清らかなところから淀んだところへと流れていきます。

あなたが思い浮かべた幸せのエネルギーは、言葉にして明確にする事で、ゆらぎの流れをつくり出し、やがて必要な人へと届いて、その人の幸せな時間や空間を演出するのに役立っていきます。

また、**「人生の目的」を思い浮かべて言葉にして書く事は、頭の中で混乱して交錯しているゆらぎのエネルギーを整理する**のにも役立ちます。

**目に見える現象のすべては、自分自身が選んだ「自由意志」に基づいている**と言われています。

それは、**心のどこかで思っている事が現実世界に現れる**という意味でもあります。混乱している思いを持っていると、そのまま混乱した様子が現実世界に現れてしまいます。

もし、心の中の思いが現実世界に現れたと感じる瞬間があったなら、その時の事象を、自分の心の中で思った事と比べてみます。

「これが自分が思った結果だ」と自信を持つ時もあるでしょう。あるいは、「自分の望む事と違う」と思う時もあるでしょう。

**自分が思う結果と違ったら、「何がどのように違うのか?」と、目に見える現象と見比べる事が大切です。そして「自分の中にある混乱」を微調整していくのです。**

**結果があまりよくなかったり、失敗していたとしたら、次によい結果になるように「思い」を修正します。**

「これからこの世界に何をつくり出すのか?」という事を思い、よりよい結果を招くために調整するのです。

このように、「思い」と現実世界で現れた事象を比べて修正します。

**人生というのは、結局は、この「思いの微調整の繰り返し」**だと思うのです。

## ラスト・ミッションに気づくステップ❸
## 家や職場を「パワースポット化」する

私が以前書いた本『パワースポットのつくりかた』(フォレスト出版)にも書かせていただいたのですが、気持ちの良い場所には人が集まります。商売が繁盛したり、家庭でしたら家族団欒ができて仲良くなれる家になります。

そういう変化をもたらす場所だからこそ、その場所を「パワースポット」と呼ぶのです。

神社や気持ちの良い場所に行った時、「ずっとこんな場所にいられたらいいな〜」と思った事はないでしょうか。

そんな気持ちの良い「パワースポット」を、もし家に持って帰れるとしたら、また自分でつくれるとしたら、あなたはどう思いますか。

その詳しい「つくりかた」については、拙著を見ていただければと思いますが、その中から重要なエッセンスをここにご紹介します。


**「パワースポット」をつくる事ができたら、あなたの職場や家庭に人が集まり、気持ちが明るくなって、流れる水のようにエネルギーが動いて、コミュニケーションができるようになります。**


すると、あなたのミッションを達成しようとする思いが光り輝き、生き生きと正気を帯びて、現実に目に見える形となっていくのです。

これは「思い」というエネルギーが、空間をコントロールしていく性質があるからです。

しかし、「自分のミッションが明確にわからない。何をどのようにすればいいのかわからない」と言われる方もいると思います。

そんな時でも、前章でお話しした「私たちのミッションは幸せになる事」という基本的な「思い」で空間を設定すれば大丈夫です。

**「幸せになる」という事は、「幸せを諦めない」という事でもあります。**

諦めさえしなければ、絶対に幸せになれるのです。

**「幸せ」になるために、周囲の人たちを「幸せ」にする。**

そのために、**「部屋」や「空間」を幸せなエネルギーで満たしていって、そこで過ごす人たちを「幸せ」にしていく**のです。

それでは、空間を幸せなエネルギーで満たす方法をお話しします。

**空間を、あたかも人のように捉えて「コミュニケーション」しましょう。一言で言えば、「話しかける」という事です。**

**そして話してみて、もし空間が「ストレス」を抱えているようなら、それを、あたかも**

**自分のストレスのように思って、手放していきます。**

その際に、空間のストレスを、ほうきで掃除をするように吐き出すイメージで片づけると割と楽にできると思います。

そして、**空間の中にある様々な感情を、実際に掃除機やほうきで掃除しながら片づけていきます。**


この方法は結構効果があって、空間が喜んでくれて、幸せなエネルギーで満たされていくような雰囲気になると思います。

**あなたが日々過ごす家の空間、あるいは職場の空間が、あたかも命が宿った人間だと思って話しかけると、空間はあなたの思いを受け止めて、思いを一緒に達成しようとしてくれます。**

その思いが幸せに満ちた、ポジティブな考えでしたら、空間にポジティブなエネルギーが満ち溢《あふ》れていくと思います。

しかしその逆も然りで、ネガティブな思いがあったら、空間にも影響してしまいます。

そのため、ネガティブな感情や自分のエゴなどは言葉にしないほうがいいのです。

そんなふうに考えて、空間に話しかけていくと、そこはあなたの思いを実現する増幅装置となって、エネルギーをチャージしてくれます。

不必要な物がなくなって整理された空間は、間違った方向へ進みそうになった時に、微調整してくれ、きっとより良い方向へと導いてくれるようになるでしょう。

# 第4章

# ラスト・ミッションを導く3つの色と5つの瞑想

## 人間を構成する3つの要素「意識、心、身体」

前章でもお話ししたのですが、人間は「スピリット、マインド、ボディ」の3つの要素で構成されています。

私は、それらの言葉をそれぞれ「意識、心、身体」と日本語に訳しています。

それらが人間のどの部分にあたるかというと、**意識は「頭脳」、心は身体の周囲の空間「オーラ」、身体はそのまま「身体」**となります。

スピリットは、大抵の場合は「魂《たましい》」と訳されるようですが、私はあえて「意識」と訳しています。それは、日本人は日常的に意識という言葉を使っていて、馴染み深いからです。

「意識が飛んでいる」
「意識がない、意識がある」
「意識してない」

「意識を集中する」

などは日常的に使われていて、魂と表現するよりも的《まと》を射《い》ています。

意識は、魂と同じものであり、私たちの本質であり「永遠」なものです。

「意識」は、思う、思わないに関わらず、「幸せになるというミッション」を遂行しようと「身体」を使って行使しようとします。

しかし「心」は、不安定に激しく揺れ動いて、ミッションを不明確にさせて、時に身体の行動に制限をかけてしまいます。

「幸せ」になれないと時に感じるのは、そのような激しい心の動きのせいかもしれません。

## 「オーラ」について

「心」の動きは、「オーラ」の中に見る事ができます。

たとえば「女心と秋の空」と言うように、さっきまで雨だったのに急に晴れたりと、秋の天気と心は、とても変化が激しいと言われていますが、そのような激しい気持ちの変化もオーラの中に表れます。

心は、周囲の人たちの思いやエネルギーの影響を受けて、同調したり反発したりする性質があります。

そして逆に、周囲の人たちに影響を及ぼす場合もあります。

オーラは、心の動きに敏感に反応して、時に周囲の人たちが抱えているストレスというエネルギーを受け入れてしまい、不安定になってしまう事があります。

そのような性質を悪用して、誰かをターゲットにして、その人の心を動揺させ、感情をコントロールしようとする犯罪も実際に起きています。

たとえば身近なところでは、メディアが購買意欲を盛り上げて商品購入を煽ったり、あるいは不安を煽って何かしらの行動を起こさせようとする時は、心の特性を利用していると言えます。悪質な例では、お金を騙《だま》し取ったりするケースもあります。

そのような**不安定なオーラを安定させて、日々の生活をより良く豊かにするためには、感情をコントロールして平安を保つ事が大切**です。

そして、幸せになるという人生のミッションを達成するためには、**感情を安定させる「瞑想」が有効な方法**なのです。

周囲の影響を受けて不安定になっている状態というのは、**オーラの中で様々なエネルギーが嵐のように激しく動いている時**なのです。

それはまるで洗濯機の中のようで、いろいろな色が鮮やかに渦巻いて変化しているような感じです。

それでもそんなオーラの根底には、自分本来のオリジナル色、自分の色というのがあるのです。

そのような色は、あらゆる情報を蓄積したメモリーの象徴のようなもので、一つの色の中にたくさんの情報が詰まっています。「オーラリーディング」という手法でオーラを読む時には、こういった色の持つ情報を読み取るという事をしていきます。

しかしじつは、人間には、それらの情報を読み解く能力が、生まれながらに備わっているのです。

人の持つ雰囲気を判断する時というのは、顔や身体だけを見て判断するのではなく、**無意識にオーラの中にある色の持つ情報を読み取っている**のです。

たとえば、服装を選ぶ時でも、色の好みというのは人それぞれ違っていて、どんな色がその人に似合う色なのかという事はわかるものです。それは、判断になる基準というのが、その人のオーラの中にあるからなのです。

そのような、その人に合う色がわかる時というのは、じつは無意識に「オーラ」の持つ色を理解している時なのです。

言葉でも「あの人のオーラは輝いている」などと使う時がありますが、それも無意識にオーラの情報を読み取っているからこそ出てくる言葉です。

一昔前は、このようなオーラという言葉さえ使われていなかったのですが、これだけ多く使われるようになった理由は、多くの人たちが無意識にオーラの色を認識しているからなのかもしれません。

## 自分本来の色を知る

「十人十色」という熟語があります。それは、「十人集まれば、十人それぞれいろいろな個性がある」という意味です。

人間の多様性を表していて、それぞれの色が違っていて、お互いに影響を与え合って成長していくという意味で、素晴らしい事だと思います。

そして、「朱に交われば赤くなる」ということわざもあります。

漆や朱肉などに使われている「朱」という顔料が、少しでも付着したら、たちまち赤く染まってしまう事から、付き合う人から大きな影響を受けて、善にもなれば悪にもなるというたとえだそうです。それだけ人間は、周囲の人たちに影響されやすい存在だという事なのです。

それと同じような意味に、「彼色に染まる」という言葉もあります。それは、付き合っている相手の男性に気に入ってもらいたいがゆえ、彼の色に合わせていく、気に入られるような「守ってあげたい女子」のように変わっていくというような意味です。それとは逆に、「彼を自分色に染める」という言葉もあります。それは、付き合っている彼を自分好みのタイプに変えていくという意味です。

日本には、このような「人を色で表すことわざが多い」ように感じます。それは、アメリカなど他の国に比べて人との距離が近く、そして周囲に同調しやすいという民族性もあって、相手の色に染まるという事が多いからかもしれません。

興味深いのは、日本には昔から個性を色で表現することわざが多いという事です。それは、人は昔からオーラを認識していて、それぞれの個性の違いを色で表現していたのだと思われるからです。

自分の個性、自分の色があるのに、無理をして誰かの色に合わせようとして、自分を変えようとすると、気がつかない間にストレスになってしまいます。そのような時は、「生気」というエネルギーが少しずつなくなっている状態です。

会社に勤めていて、無理をして会社の色に染まろうとしているなら、そして心身が疲れているなら、それは会社にエネルギーを吸い取られている状態なのかもしれません。気がつかない間に疲れて、病気になってしまうのはそのような時です。

元々、自分の色が、働いている会社の色に近い色でしたら、そのような色に合わせるストレスはないかもしれません。しかし、あまりに色が違っていて、それでも無理に合わせようとすると、かなりのストレスになってしまいます。

**人間関係や仕事での多くの問題は、この色の違いを同調させようとする事からきています。**

それでも色を合わせる事は悪い事ばかりではありません。周囲や会社の色に合わせると、それまで自分の中になかった新しい情報や刺激が、オーラの中に入ってきて、心を成長させるきっかけになるのは確かです。

しかし色を合わせすぎると、自分本来の個性、色がなくなってしまい、ロボットのようになってしまいます。

そういった理由もあり、周囲や会社の色に合わせなければいけない時は、注意をするといいと思います。

そのような状況になった時、まず**「自分本来の色を知る」**という事が大切です。

そして、**「少しずつ様子を見ながら周囲の色に合わせる」**というのがストレスのない、自分の色を失わない理想的な方法です。


自分の個性を理解して、「自分の色」を知るのはとても重要です。

自分の色は、たとえば普段着ている服装の色などにも無意識に反映しています。

一般的には、青系の色は精神性や理性を大切にする、赤系の色は情熱的で行動的、黄色系は子どものような無邪気で行動的、緑は自然を愛して自分を大切にするなど、それぞれ色の特性があると言われています。

しかし、そのような情報にこだわらずに、**直感的に感じた色と性格を思い浮かべると、自然と自分の色が浮かんでくる**と思います。


そして自分の色を知って、服装の色や、持ち物の色など、ワンポイントに使う色など、それらに反映するように気を遣うだけでも、「色の結界」をつくり出し、簡単には相手の色に同調しない、自分を守る盾となるのです。

## 「意識、心、身体」と時間軸との関係

「意識、心、身体」は、それぞれ「未来、過去、現在」と深く関係していて、時間軸の関係が異なっています。

**「意識」は、「現在、過去、未来」と、時間軸を自由に飛び越え、そして様々な場所へと空間を飛び越えて飛んでいきます。**

しかし最終的には、夢や希望を持って未来へ進もうとする性質を持っていて、「未来」との関係性が強いです。

**「心」は、「過去」に経験した事を感情に置き換えて、オーラの中にデータバンクとして蓄積させます。**言うなれば過去を引きずる傾向があって、「過去」との関係性が強いです。

**「身体」は、時間軸の中で常に「現在」に存在しています。**3次元的なこの世界では、身

体は、基本的に未来にも過去にも移動できず、「現在」に釘付けされています。

このように「意識、心、身体」は、それぞれ**「未来（意識）、過去（心）、現在（身体）」**という時間軸に密接に関係しています。

この中でも、**最初に気を使って大切にしなければいけないのは「身体」であり、現在の状況**です。身体を生かすために、栄養をとって、仕事をして、人生の進路を決めて前へ進むという事はとても重要です。

もし感情的に、苦しかったり、悲しい出来事があるとしたら、それは心だけにとどまらず、身体にも影響を与えます。疲れたり、身体が痛かったり、ひどい時には病気になったりするかもしれません。

しかし心は、過去の感情を抱える性質があります。だからそういった**病気になるといった現象は、「過去を引きずった結果が身体に表れた」という事**なのです。

言うなれば、それは過去の遺物の影響なのです。

**心は、「過去」に振り回されるという傾向**があります。

そのような場合は、過去しか目に入らなくて、未来が見えない「お先真っ暗」な状態です。

人生のミッションを遂行しようとしても、そんな人生の最悪の状態では、何の行動もできなくて、解決の糸口さえ見つからない気持ちにさせられます。

それでも悪い事ばかりではありません。

**「これまで見ようとしなかった、自分の心が抱えていた、過去からずっと続いている問題に向き合う機会がやってきて、やっと解決できる」**

そう考えれば、明るい未来への光が見えてくるように感じるものです。どん底の状態だからこそ、這い上がれるチャンスがやってきたのです。

## 瞑想1　ストレスを手放して自分を癒す

ここに、「過去」の自分に向き合って、昔から抱えていた「心」の傷を癒し、そして「未来」の自分の姿を見出して、夢に向かって歩む事ができる方法があると言ったら、あなたは試すでしょうか。

それとも「これまでと同じでいい」と思って、試すどころか、これから先のページを読もうとさえしないでしょうか。

人間の心は弱いものです。過去に受けた心の傷に向き合うというのは怖いものです。それでも、何度でも津波のように押し寄せてくる「心の中の悲しみ」、そしてそんな心の中の感情に、立ち向かおうとして打ちのめされる自分を繰り返し経験して、「どうすればいいのかわからなくなってしまう」と感じている人は少なからずいるのだと思います。

それでも**「自分は絶対に変われる」と信じて、「前に進む」と心を決める**ならば、きっと光はあなたの進む道を照らしてくれると信じます。

そんな思いが心の中に浮かんできたなら、次の「5つの瞑想」を真剣に試してみる事をお勧めします。

**【方法】**

・まず、静かな場所で、椅子を用意して座ります。

・足の裏を地面に付けて、手のひらを上に向けて太ももの上に置きます。

・そして、尾骶骨《びていこつ》から尻尾が伸びて、地球の中心までつながっているようにイメージします。この地球とつながる行為を、「グラウンディング」と言います。
・背中を伸ばして、目を瞑って、深呼吸をします。
・この時、できるだけ鼻から息を吸って、口から息を吐いてみます。
・新鮮な酸素を頭の中へ、身体の中の隅々の細胞へ、オーラの中へと送り込みます。
・そして、自分の中に滞っている古いエネルギーを口から吐き出して、地球の中へと落としていきます。
・この時に、オーラの中にある不必要なエネルギーを「色」のついたボールに入れて落としていくというようにイメージすると、ストレスを手放しやすくなります。
そのような様々な「色」は、周囲の人たち、家族や友人、お客様、そして会社の人などから受け取った、思いやストレスなどのエネルギーです。
・そんなオーラの中に残っているエネルギーを、「様々な色のボール」の中に入れて、手放していきます。
・最後に、宇宙からゴールド色の愛のエネルギー、幸せのエネルギーが降り注いできて、自分のオーラがゴールド色の愛のエネルギーに包まれていくのをイメージします。
ゴールドの色は、ニュートラルなエネルギーを意味していて、どのような色でも中和する性質を持っています。

きっと様々な色や感情が残っていたとしても、中和されて消えていって、ニュートラルな自然な「心」の状態になっていくと思います。


この一連の作業を5分間ぐらい続けると、いろいろな雑念が落ちていって、「心」はだいぶ落ち着いてくると思います。

そうして心は、本来の自分の色を取り戻して、本来の姿に戻っていくのです。

これで瞑想の前半は終わりです。

この5分間ぐらいの一連の瞑想を毎日続けて、1週間ぐらい経つと、様々な変化に気がつくと思います。特に、人間関係や家族との関係は大きく変化すると思います。


**【解説】**

さあ、これまでの瞑想のプロセスを試してみて、いかがでしたでしょうか。

「本当に心が落ち着いていく」と感じた方も多くいると思います。

もちろん「あまり感じない」と思う人もいると思います。

それでも諦めずに、**5分間ぐらいの短い瞑想を、毎日続ける事が大切**です。

毎日、地道に瞑想すると、自分では気がつかないところで、変化は確実に起きているはずです。

家族と笑顔で過ごす時間が増えた。乗り遅れそうな電車に間に合った。家庭や職場が明るくなった、などなど、まったく違った場所で変化が起きてくると思います。

それから、もし右手と左手を握るような癖があったなら、**手を離して日常生活を過ごす事**をお勧めします。

手を握るという行為は、自分と相手の間に壁をつくるというサインです。そしてその行為は、自分の心の中に壁をつくって、本心をわからなくさせてしまいます。

両手を組んでいたり、握っている事に気がついたら、手を離す事をお勧めします。きっと深呼吸したら、空気を深く吸えるようになると思います。

**足の裏を地面に着ける**というのも、効果があります。

これは「身体」を「地に着ける」という意味があり、現実の世界で形になる物事を創り出すという力になります。

普段から、足を組んだり、つま先だけ地面に着けていたりすると「足が浮いている」状態で、「身体」が現実世界から離れてしまいます。もし「足が浮いていたら」直すように心がけると、効果はてきめんに表れます。

## 瞑想2　「現在、過去、未来」の自分を椅子に座らせて、それぞれの色を決める

それでは、瞑想の後半を続けていきます。

まず、前半の瞑想のプロセスを順番に辿ってから、続けて次のプロセスを順番にしてみましょう。

**【方法】**

・自分が今、座っている椅子は「現在」の椅子だとイメージします。
・そして向かい側に、2つの椅子があるようにイメージします。
・向かって左側が「未来」の椅子、そして右側が「過去」の椅子です。
・「未来、過去」の椅子それぞれに、「未来、過去」の自分が座っているようにイメージします。

・椅子に座る「現在、未来、過去」3人のイメージができたら、それぞれの3つの「色」を決めます。
・「現在の色」「未来の色」「過去の色」と、椅子の上に座っている3人の自分、それぞれの「色」をイメージします。
・最初に「現在」、次に「未来」、そして「過去」の色を決めましょう。
・「色」は、感覚的に感じるものです。もしよくわからなかったら、自分の直感を信じて「色」を決めてください。直感的に決めた「色」は、さほど間違っていません。
・「色」が決まったら、それぞれの「色の帽子」をイメージして、それぞれの頭の上に被らせます。
・3人の自分が、それぞれ異なった色の帽子を被って椅子に座っています。
・次に、「未来」の自分が被っている「色」に注目します。
・その「色」と同じ「色」の帽子を、「現在」の自分も被るのです。「未来」と「現在」の自分が、同じ「色」の帽子を被るという事です。

「現在」の自分を思えば、「幸せ」な事よりも、辛くて悲しくて苦しい事ばかりが浮かんでくるという傾向があります。それは「心」が引きずっている「過去」のエネルギーを、

「現在」に思い浮かばせるという理由があるからです。

そういった理由から、「現在」を「未来」の色に変えると、自分のミッションを進んでいる「未来」の明るい視点から「現在、過去」の自分を見る事ができるのです。

## 瞑想3　助けが必要な「過去の自分」に話しかける

さあ、これからが本番です。

**【方法】**

・まず「過去の自分」に向き合います。その椅子に座っているのは、過去の「大切なターニング・ポイント」を迎えている最中の自分です。
・そのターニング・ポイントは、現在の状況に一番関係があると思える時です。
・その時の状況を思い浮かべて、その時にいた場所を思い出してみます。
たとえば、
胎児として母親の胎内にいた時、

就職をして家を出た時、
女性でしたら、結婚をして出産をした時、
あるいは、重大な決心をして行動をした時、
など、生まれてからこれまで、たくさんのターニング・ポイントがあったと思います。
・その中から、現在に最も影響を与えていると思われる出来事を一つだけ選びます。
・その選んだターニング・ポイントを経験している真っ最中の自分が、右の椅子に座っているとイメージするのです。
・その時の「過去の自分」がどのような様子なのか？　困ってはいないか？　助けが必要なのか？　などと詳しい様子を思い浮かべてみます。
・もしその時の自分が、助けが必要だと思われるなら、「その時の自分が必要だと思う言葉」をかけてあげましょう。
その言葉は、その時の状況や人それぞれで異なってくると思います。
・この言葉をかける行為は、小さい事のように思えるかもしれませんが、藁《わら》をもつかもうとしている状況でしたら、神様の言葉のように感じるものです。それだけその言葉には重みがあって、重要な行為となると思います。
・声をかけた後の「過去の自分」はどのように様子が変わったでしょうか？

驚いたり、喜んだり、自分が進む方向を見つけられたり、あるいは命が助かったかもしれません。あるいは、その時はあまり、感情の変化がないかもしれません。

・そのように「過去の自分」に向き合ったら、次に「現在」の自分自身の状況を思い浮かべます。過去の自分が変わった事で、「現在の自分」が変わっているはずです。

この瞑想を通して、「ターニング・ポイント」を確認する事で、過去の「点」が、「現在」の自分につながって一本の線になるのです。そしてその線は、未来へとつながるようになっていくのです。

## 瞑想4　「未来の自分」に向き合う

それでは次に、「未来」の椅子に座っている自分に向き合いましょう。

もし「過去」の瞑想をしてから時間が経っていて、別の日などに続きをするようでしたら、最初に瞑想1を再度してみるのをお勧めします。

【方法】

・向かって左側の椅子には、「未来の自分」が座っていると想像します。
・イメージする時には、どのぐらいの年月が経っているのか、大学に通っている時、結婚した後、仕事をしている時、あるいは老後など、できるだけ具体的にイメージすると未来の自分の事をイメージしやすくなると思います。
・どんな状況で、何をしているのか、その時にいる場所や状況を確認してみましょう。
・その時の自分が、部屋の中にいるように見えたら、どのようなインテリアなのか、職場でしたら、どのような状況なのかなどを確認してみます。カーテンの色とか、壁にかけてある絵や掛け軸など、ちょっとした事から思い浮かべてみます。
・戸外でしたら、どのような風景なのか、山や湖、海や川などといった風景から思い浮かべるのがイメージしやすいと思います。
・そして、「未来」の椅子に座っている自分は、どのような表情をしているのか、どんな感情なのかを推測します。
・そのように少しずつ未来の自分がイメージできて、もし可能でしたら、こんなふうに問いかけてみてください。
「あなたは今、幸せですか？」

きっと未来の自分は、その時の気持ちを答えてくれると思います。
あるいは、その時に頭の中に浮かんできた言葉をかけてみるのもいいと思います。

その時にイメージした事柄を、書いて記録しておくと、何年後かに、同じような状況に出くわした時、「この瞬間が、私にとってのターニング・ポイント」だと気がつくと思います。

その「未来」のターニング・ポイントの事を今思ってみても、意味がよくわからないかもしれません。

それでもきっと、その未来は、自分が心の奥で望んでいた事で、これから生きていく中で、夢となり希望となって、あなたを前へと推し進めてくれると思うのです。

## 瞑想5　「未来の自分」に「道」を聞く

もしあなたが今現在、何らかの選択に迷っているような状況でしたら、きっと目の前にたくさんの選択肢があると思います。

そのような状態でしたら、その中から選択肢を二つまで絞り込むのをお勧めします。

【方法】

・それぞれ別の選択肢を選んで進んだ、それぞれ二人の「未来の自分」を想像してみましょう。

・「現在」にある分岐点から左のAという道を選んだ自分、右のBという道を選んだそれぞれの自分を交互に「未来」の椅子に座らせてみましょう。

・「どのくらい時間を先送りにした未来の自分を座らせるのか？」といえば、その時々の選択肢によって違うので、一概に「これくらいの未来が正解」とは言えませんが、少しずつ時間を先送りにして様子を見ながら、「このくらいの未来」といった時間を決めるのもいいかもしれません。

・まずAの道を選んだ自分を「未来」の椅子に座らせて話をします。その時の自分は、どのような生活をしているのか、どんな仕事をしているのか聞いてみましょう。詳しい情景を見せてくれると思います。

・そして同じように問いかけてみてください。「あなたは今、幸せですか？」

きっと、その時の気持ちを素直に答えてくれると思います。

・それから次に、Bの道を選んで進んだ自分を「未来」の椅子に座らせ、同じように問いかけます。

同じように、その時の生活や仕事の事などを聞いてみてください。情景を詳しく見せてくれると思います。

・そして同じように問いかけてみてください。

「あなたは今、幸せですか？」

それぞれ異なった道を進んだ「自分」からは、ちょっとずつ違った答えが返ってくると思います。

その答えのどちらが正しいとか間違っているとかを気にするのではなく、感覚的にどちらの選択が「現在」の自分にとって最善の選択なのかを判断して、自分で道を選択するのです。

話が終わりましたら、それぞれ「過去」「未来」の自分に、元の時間に帰ってもらいましょう。

最後に、宇宙からゴールド色の愛のエネルギー、幸せのエネルギーが降り注いできて、自分のオーラがゴールド色の愛のエネルギーに包まれていくのをイメージします。
そして、ゆっくりと深呼吸をして、自分の「意識」「オーラ」「身体」を、グラウンディングして、目を開いて、瞑想を終えます。

**【解説】**

さあ、いかがでしたでしょうか。「現在、過去、未来」それぞれの自分に、これまでになく深く向き合う事ができたのではないでしょうか。

この瞑想を通して「過去」と「未来」の自分に向き合う事で、それまで「点」に過ぎなかったそれぞれの過去が、「現在」の自分へと「線」がつながるのです。そしてさらに、未来への道へと導いてくれるのです。

「過去」から「現在」、そして「未来」へとつながっている道は、目には見えないかもしれませんが確かに存在します。その起点となっていて、かつ一番重要なポイントとなっているのが「現在」です。

**「過去」に起きた事は変えようがありません。それでも「過去」に経験した「感情」は変えられます。そして、それを変える事ができるのは、「現在」の自分だけなのです。**

「過去」に起きた事があまりにも大きすぎて受け入れられないと、「心」は許容範囲を超えてしまい、「意識」は、その場の状況から逃げようとします。俗に言う「意識が飛ぶ」状態です。

それでもそのようなショックを受けた時、「意識」はどこにも行き場所がなくて、その出来事があった時から、その場所から一歩も動けないで「時空の中」に閉じ込められてしまうのです。

その閉じ込められた「意識」を解き放つ鍵となるのが「感情」なのです。

「過去」の自分に向き合って、その時の「感情」を知って理解する事が、「時空の中」を彷徨《さまよ》っている「意識」を拾い上げる事につながるのです。

## 意識は「時間」を飛び越えるタイムマシン

今回は、過去の「ターニング・ポイント」から一つだけ選んで瞑想をしましたが、この瞑想で「過去」を思い浮かべる事に成功したら、次に他の幾つかの「過去」のターニング・ポイント、重要なポイントを思い浮かべてみましょう。

そして、同じようにその時々の自分を椅子に座らせて、情景を思い浮かべて、同じように様子を見ながら手を差し伸べたり、声をかけてあげましょう。

そうすると、「過去」の幾つかの点がつながって、太くて確実な線となって、意味を持つようになって「現在」へとつながり、そして「未来」への道を示してくれるようになります。

目を瞑って頭の中で、気になる「過去」の情景を思い浮かべると、その時の空気、匂い、気温、そこにいた人、それにもし音楽が流れていたらその音楽や音など、細部にわたって見えてきて、まるでさっき経験した事のような現実感を味わうと思います。

それはまるでタイムマシンを使って「過去」に飛んだような感覚で、時間を飛び越えて「過去」のその場所にいるような感覚です。

それはただの「想像」であり、「虚像」だと言う人もいるかもしれません。それでも胸の中で熱く感じる思いが浮かび上がってきて「何かしてあげたい」と思う気持ちを感じたなら、それは「虚像」でも「想像」でも何でも構いません。そこにあるのは「愛」なのです。

そんな**熱い思いを胸の中に感じたなら、それは誰が何と言おうとも、本当に感じる事であり、本当の事なのです。**

その「目の前にいる自分を助けてあげたい」あるいは「何か声をかけてあげたい」と思ったら、ぜひ声をかけて助けてあげる事をお勧めします。きっとあなたの胸の中の思いは落ち着いて、安心すると思います。

この瞑想方法は、**「意識」が時間と空間を飛び越えて、様々な場所へ行くという性質を理解して、それぞれの自分に話しかけて、カルマをほどき、より深く自分自身を知る事を目的**としています。

それぞれの自分の「意識」は同じ存在ですが、「心」の中はその時々で変化して、悩んだり、苦しんだり、悲しんだり、そして「幸せ」を感じます。

この地球上に生きるすべての人たちは、誰もがターニング・ポイントとなる瞬間を経験します。

しかし、その時々のターニング・ポイントの渦中にいる自分には、「なぜその事が起きているのか?」理解できません。

そして、「現在」の視点から時間が経って「その点」を振り返ってみて、「その時」にいる自分に向き合うと、それぞれの「点」が意味を持ち、「線」となって「現在」につながって、「未来」へとつながる事に気がつくのです。

**「点」と「点」をつなげて、継続的な長い「線」にすると、それまでの経験が断片的でなく、すべてが意味を持って、「未来」へとつながっているのに気がつきます。**

そして、「現在」しなければいけない「未来」への選択、「人生のミッション」が明確になっていくのです。

私たちは、何をするのにも理由が必要なのです。
生きていくのにも「なぜ、生きるのか？」という理由が必要なのです。
朝起きて、「今日、何のために生きるのか？」と自分に尋ねた時、そんな時に夢や希望があれば、その夢に向かって進んでいけるのです。
しかし、何もなければ、前へ進む理由もないし、そこにとどまっていればそれでいいのです。

それでもきっと、私たちには、これまで生きてきた理由があって、何かに生かされていて、その理由はわからないけど、確かに存在させられていると信じるのです。

そんなわからないながらも、私たちには生きる理由があると信じて、前へ前へ、そして未来へと進み、「点」と「点」をつなげて「線」にしていくのです。

そして、**やがていつか「この地球に存在する理由」を知って、自分が「生かされている」という事を知る**のです。

その時にきっと、「ここにいていいんだ」と、自分が安心する居場所を感じて、幸せに浸るのです。

# 第5章

# ラスト・ミッションを生き切るのに、忘れてはいけない大切な事

## あの日、あの瞬間が、「人生の分かれ道」だった！

過去の出来事を思い出して、「あの時、ああすればよかった、こうすればよかった」と思う事はないでしょうか。

「あの日、あの瞬間が、人生の分かれ道だったのかも」と、後になってそう思う事ってありませんか。

私はあります。

13歳で生まれて初めて長期入院をした時。20歳で交通事故にあった時。25歳でアメリカに行くと決めた時。そしてそれから20年経って、日本に帰ると決めた時。

それぞれの瞬間が、自分にとって大切な時、人生の分かれ道であり、大切な「ターニング・ポイント」でした。

**それぞれの「ポイント」を単独で見ると意味をなさないように見えるけど、振り返って**

**みて少しずつつなげてみると、「点」が「線」になって、やがて大きな意味を持たせてくれているように感じます。**

今になって思えば、瞑想を学ぶ前の私は、無意識に自分の人生を悲観したり、人と接する事をできるだけ避けようとしていました。

それは自分でそうしようと意図的にしていたわけではなく、何も考えないうちに自然とそうなっていたのです。

あの頃は、何につけても、何度も同じような考えや行為を繰り返しては失敗していました。

なぜ、そうなってしまうのかが、自分でも理解できなくて、それでも、「これでは駄目だ。何とか自分を変えよう」とは思っていたのですが、何をどうすればいいのかわかりませんでした。

そして、「もしかしたら瞑想は自分を変えてくれるかもしれない」と思い、瞑想教室に通いはじめ、玉ねぎの皮を剝くように、それまで経験した「点」を一つずつ浮かび上がらせては分析して、その時の感情に向き合って手放す作業を繰り返していったのです。

そして、瞑想をするようになって、「過去の自分の感情を受け止めて、自分を前へと進ませたい」という思いが強くなっていきました。

それでも「なかなか上手くいかない」と感じていた時に、拙著『いのちのやくそく』（センジュ出版）を書く機会があって、さらに深く自分に向き合うようになりました。

13歳で入院した時、その時はわからなかった自分の中の父への思いを初めて理解して、そこから一歩も前へ進めないでいる自分に向き合えるようになりました。

そして今自分が、瞑想やヒーリングを通して子どもたちに接している意味が理解できるようになりました。

そしてさらにもっと「過去」の「点」へと、さかのぼって向き合えるようになっていったのです。

幼稚園に通っていた頃、生まれた時、そして前世で死んだ時にまでさかのぼるようになりました。

## 兄との思い出

自分のチベットでの前世を思い出したきっかけは、20年近く前に、とある建物の写真を見た時でした。

「この建物、どこかで見た事がある。どこで見たんだっけ」

それは、チベットのラサというところにある「ポタラ宮殿」でした。


じつは、その建物を見たのは、４歳ぐらいの時でした。

その頃、私は兄とよく遊んでいて、一緒にいろんなところへ行くのが楽しみでした。

彼は、死産で産まれたので、私が産まれる前には、すでに亡くなっていたのですが、あの頃の彼の姿は、まるで生きている人間のように見えました。


「一緒に遊べるのは、今日が最後なんだ。だから今日は、特別なところに連れていってあげるよ」

そう言うと彼は、私を空へ引き上げ、雲をかき分けて、とある遠い国の上空へと連れていってくれたのです。


そうして見えたのが、とても変わった形をした建物でした。

「この建物を覚えておくんだよ。君はずっと昔に、ここにいたんだ」

その建物が、思えばポタラ宮殿と呼ばれるチベットの宮殿だったのです。

兄はそう言うと、そのままどこかへ消えていって、私は元いた自宅へ戻っていたのです。

そしてあの時、理由もわからず、目からは涙が流れていました。


写真のポタラ宮殿を見て、あの時に、兄と空を飛んで上空から建物を見た記憶が蘇ってきました。

「私は昔、ここにいた」

それから少しずつ、自分の前世であるチベット僧の姿が、頭の中に浮かび上がってきたのです。


そして、その時の記憶や感情が洪水のように「現在」の自分の「心」の中へと流れてきて、居ても立ってもいられずに、それからチベット仏教のお寺に通うようになったのです。

## 前世のチベット僧に向き合う

だから今回、私がこの「過去の自分に向き合う瞑想」で選んだ「点」は、前世で死ぬ直前の時でした。

あの時の自分に向き合って、すべての感情を受け入れて、それから手放して、前へと進みたいと思いました。

どこかの寺院の地下にある、カビ臭くて埃っぽい、薄暗い牢屋のような部屋で、マニ車を手に、食べるものがなくて餓死しかけていました。

死ぬという事が怖かったり、苦しかったのではありません。それよりも、誰かを庇《かば》ったせいで、無実の罪を背負って、それまで仲が良かった多くの友人たちから責められて、石を投げられて、人との縁が切れてしまった事が悲しくて、人を信じられなくなって、幸せを感じられなくなって、苦しくなっていたのでした。

前世の自分を思い浮かべようとすれば、必ずあの薄暗い部屋で悲しんでいる自分の姿が見えます。きっと悲しい出来事ばかりじゃなくて、楽しい事もたくさんあったはずなのに、そんな記憶は思い出せなくて、幸せな映像は浮かんできません。

**自分の「意識」の一部は、ずっとそこにいて、長い時を経ても閉じ込められていて、あの牢屋から一歩も外に出られないで前へ進めない**のだと思います。

それだけ、あの時に起きた事は「心」を傷つけて、「意識」に「前に進むな」という恐怖心を植えつけていたのだと思います。

「どんなに良い行いをしても、また同じように、お前は裏切られる。人を信じるな」と「心」は牢屋の中に閉じ込められている自分に言い続けているように感じます。

その時の、誰も信じられないまま、死んでいく自分に話しかけました。

「誰が信じなくても、私だけはお前を信じる。だから自分を責めたり、消えてなくなりたいなんて思わないで」

前世の自分は、その声を聞いてはいても、それでも自分を悲観しているようでした。

「『自分が嫌いだ』と思うような事があっても、『存在する価値がない』と感じるような事があっても、そんな思いを受け入れないで」

「だってあなたしか、他に誰も認めてあげる人はいないから、絶対に諦めないで。幸せを諦めないで」


何度も挫《くじ》けそうで、諦めそうになっている、その時の自分に力強く話しかけました。

あの時は、心が挫けて、諦めるしかなくて、自分に向き合う事ができなかったけど、今なら向き合える。だから絶対に、絶対に諦めない。そんな気持ちで話しかけたのです。

「幸せ」を諦めそうになっている「過去」の自分に、「現在」の「感情」を分かち合って、その時の悲しみや苦しみすべてを受け入れて、「消えてなくなって」しまいそうになっている「過去」の「自分」に向き合います。

「意識」を消し去ろうとして、自分に「無関心」になって、「愛」を感じられなくなっている自分に、向き合って、「未来」を見せてあげます。

「あなたが現在《いま》ここにいて、思うという行為が、どれだけ未来にとって重要なのか、思った事がありますか。

あなたの『意識』は、あなたの『身体』がなくなっても、ずっと存在し続けて、この宇宙の中で永遠に存在するのです」

「私はあなたを信じる。あなたがどんな決断をしたとしても、その決断を尊重して、受け入れる。だから絶対に幸せを諦めないでほしい」

そんな会話を、ほぼ一方的にしたと思います。

彼の目からは涙が流れていて、キラキラと輝いていました。それはもう悲観の涙ではなく、顔にはうっすらと笑顔が浮かんでいました。

そうして私は、前世の「点」を離れて、「現在」へと帰ってきて、瞑想を終えたのでした。

**どんなに辛くて苦しくても、「幸せを諦めない」。**

なぜなら、そこで諦めたら、自分の「意識」は消えてなくなって、存在する事をやめてしまう。それは「身体」の死を迎えるよりも、辛く悲しい事になってしまう。「意識」は、何もない空間へ閉じ込められてしまう。

辛くて悲しいけど、それでもそんな感情のすべてを受け入れる。

すると、苦しくて痛いはずなのに、不思議と自分がここに生きて存在していると感じられるようになる。


痛みを感じられるのは生きている証だ。

だからまず、**どんな感情も、とりあえずすべてを受け入れて、それから、いらないと思ったものを手放していく。**

そのプロセスを経て、初めて自分の「心」を成長させて、「意識」を未来へと、前へと進ませる事ができるのです。

## 「過去の自分」に向き合って、話しかけた方からの感想

この「過去の自分」に言葉をかけるという瞑想法は、私だからできるというわけではなく、誰でもできて、苦しかった過去の自分を癒す事ができるのです。

「月曜朝の3分間瞑想」という番組をユーチューブで配信しているのですが、その時にこ

の「過去の自分に向き合う瞑想」を皆さんと一緒にしました。

それは、**「過去」の苦しくて悲しかった自分を思い浮かべて、声をかけるという瞑想**でした。

実際に試してみて、苦しかった過去の自分に声をかける事ができた方がいて、感想をいただきましたので、ここにシェアいたします。

今回の瞑想で、私は13年前の事を思い出しました。

13年前に主人を亡くした私は、どうして生きていけばいいのか途方に暮れてしまい、「早く私も引き上げてほしい」と願っていました。

でもたくさんの人に支えられ、目に見えない世界からの導きもあり、時間はかかりましたが、現実を受け入れて前に進めるようになりました。

過去の自分に向き合う瞑想では、今の私が13年前の私を励ましているシーンが浮かび上がりました。

「大丈夫。立ち直れるよ」と声をかけたら、涙が止まらなくなりました。

主人の命日が近いので、守護霊が教えてくれたのかもしれません。

ありがとうございました。

「過去」の「ターニング・ポイント」を思い浮かべて、その時の自分に向き合ってみると、それまで気がつかなかった事が浮かび上がってきます。

その渦中にいる時は、あまりにも苦しくて、悲しくて、洪水のように押し寄せてくる悲しみを受け入れられなくて、否定したくて、目を背けたくなってしまう時もあります。

「意識」がどこかに飛んでしまい、感じる事をやめてしまって、ただ「身体」を生かすだけのために食べる。そんなふうに感じる時もあると思います。

「こんなに悲しくて苦しいのに、なぜ私は食べる事ができるんだろう」

心が苦しくても、お腹は減るものです。


意識は、その時から一歩も前へ進む事ができないくらい辛いのに、そんな事お構いなしに身体は、「お腹が減った」と訴えてきて、その時から離れて前へ進もうとする。

身体の生命維持装置は、許容範囲を超えたので、受け入れる事ができなくなった「心」の機能を一時的に停止させて、自動的に「身体」の維持を最優先にしようとする。


そんな時は、悲しみや苦しみなどの感情もなくて、涙も流れなくて、何も感じなくなってしまう。

それでも時間の流れは優しいもので、時を経て忘れた頃に、傷ついた心をふんわかと優しく包み込んでくれる。

「もう、大丈夫だよ」

そんなふうに、思考停止させていた脳の一部を解放して、過去の自分に向き合わせてくれる。

そうして、「現在」の自分は、「過去」の自分が抱えていた、悲しみや苦しみなど、そのすべてを受け入れて、声をかけられるようになっていくのです。

その時、「過去」の自分だけでなく、「現在」の自分も癒されて、涙が流れるのです。

カルマの中に閉じ込められていた自分の「意識」が解き放たれて、「現在」に帰ってくるのです。

## あなたを助けてくれる「天使」

昔、私が見たタイム誌に書いてあったのですが、「アメリカ国民の60％の人たちが天使を信じている」という記事がありました。

私の知り合いのアメリカの人たちは、よく「あなたは私の天使よ」と口癖のように言います。

もちろん、私は天使ではありませんが、「自分を助けてくれる人には天使が宿っている」という思いがあるのかもしれません。

そんなふうに思えば、本当の天使を見なくても、助けてくれる人を通して天使を感じて、天使の存在を信じられるようになるというのは素晴らしい文化だと思います。

あまり信心深くない私にとって、そのような考え方は衝撃で、縁遠かった天使がとても身近に感じられるようになったのは本当です。

私の「過去」を思い浮かべれば、そんなふうに自分を窮地から救ってくれた知人や友人というのは確かにいました。

それぞれの「ターニング・ポイント」を思い浮かべれば、背中を押して前へ進むのを手伝ってくれたり、言葉をかけてくれたり、自分だけの力ではどうしようもない時に、見えない誰かが助けてくれていたような感覚がありました。

そのような、**助けてくれる存在というのは、誰かを通して助けてくれたり、あるいは見えない存在が声をかけてくれたり、手を差し伸べてくれたりといった事は確かにある**のだと思います。

それを天使と言えばそうなのかもしれませんが、それは見えない世界からの愛のギフト（贈り物）ではないかと信じているのです。

## 交通事故から救ってくれた声

天使と言えば、思い出す友人のエピソードがあります。

彼女はロスアンジェルス（横たわる天使）に住んでいたのですが、職場から帰宅する途中、高速道路上で車が故障してしまい、中央分離帯のすぐ横に駐車しました。

幸いにもそこは車が安全に止められるだけのスペースがあったので、一安心してレッカー車を携帯電話で呼んで、車のすぐそばに立って待っていました。

しかしレッカー車は、30分ほど経っても来る気配がありません。

すると、

「飛べ」

という声が、突然、頭の中に聞こえたのです。

そして彼女は慌てて、中央分離帯のフェンスに飛びついて、そこを登ったのです。

するとその直後、突然車が後ろから猛烈な勢いで突っ込んできて、彼女の車に追突したのです。

追突した車も、彼女の車も、一瞬で滅茶苦茶に潰されて大惨事になったそうです。

しかし彼女は、声を聞いて、フェンスに飛びついたので、命どころか、怪我すらしませんでした。

もし、その声がなかったら、あるいは声の通りに行動しなかったら、彼女はその時、即死だったでしょう。

その彼女の命を救った声の主は誰だったのか。

彼女はわからないでいましたが、どこかで聞いた事がある声だったと言っていました。

それ以来、彼女は見えない世界を信じるようになったそうです。

私は、その声は**「未来の彼女自身からの声」**だと思うのです。

**窮地に陥った時、一番大切に思って、心配してくれて、助けようとしているのは、それは紛れもなく未来の自分自身**だからです。

言葉にはそれだけ、人を動かして、命を救うパワーがあるのです。

**その声を信じるか、信じないかで、人生の「ターニング・ポイント」は、大きく変化していきます。**

## 子どもを救った声

もう一人、天使の声を聞いたと言われた方のお話を紹介させていただきます。

その女性の方は、こんなふうにお話をしてくださいました。

「私が若かった頃、まだうちの息子が小学校低学年だった頃の話なんだけど、私が家の中で仕事をしていたら、突然、頭の中に声が聞こえてきたのよ。

『外に出ろ』って聞こえて、慌てて外に出たのよ。

そして外に出たら、『両手を前に出せ』ってまた聞こえて、その通りに手を前に出したのよ。

そしたら、息子が空から降ってきて、手の上に落ちてきたの!!」

彼女によると、その時、息子さんが屋根に登って遊んでいたそうなのですが、滑って落ちてきたのです。

それが天使の声の言うままに手を出したら、都合よくそこに落ちてきたのです。

そんな不思議な事もあるものですが、その声の主がいったい誰なのか、彼女には見当もつかない様子でした。

私は、この声もじつは「未来の彼女自身からの声」だったのだと思うのです。

**「未来」から「過去」へ、大切な「ターニング・ポイント」のその瞬間に、その時に、必要な言葉が聞こえてくる。**

その言葉を信じて行動したから、彼女はその時、息子さんの命を救う事ができたのです。

## 「身体」を抜け出した「意識」は自由

私が、「窮地に際して聞こえてくる『声』は、未来からの言葉だ」と確信したのは、木内鶴彦さんのとあるエピソードを知った時です。

木内鶴彦さんは、22歳の時に上腸間膜動脈性十二指腸閉塞で、一度死亡を確認されながらも、その30分後に死後蘇生しました。この死後蘇生したことが医師のカルテに記録されているのは、国内で唯一だそうです。

その体験から、「この宇宙とは何なのか、自分とは何なのか」といった問いを追求するようになった木内さんは、その疑問から天体観測、太陽光を利用した炭素化炉システムの発明などをするようになりました。

木内さんは危篤状態の時に臨死体験を経験して、「意識」が「身体」を離れて、時間と空間を飛び越えて、様々なところへ行くという事を経験しました。

意識が戻ってきてからその事を覚えていて、意識が離れた時の経験を本に書いて出版。

そして全国で天文や環境問題、自然環境破壊などについて講演をしています。

そしてこれは、彼が6歳の頃、千曲川の近くを歩いていた時のお話です。

その時、彼は、お姉さんと一緒に歩いていたそうなのですが、急に「危ない」という声が聞こえたそうです。

木内さんはとっさに、お姉さんを押したそうです。直後に危うく上から石が落ちてきてぶつかりそうになったのを助けたのです。

彼は、その時以来「あの声はいったい誰なのか？」と、ずっと気になっていたそうです。

それからかなり後になって、木内さんは臨死体験をした際に、あの6歳の時に聞いた声の主が誰なのか気になって、時空を飛び越えて、その時の自分に会いに行きました。

そして上からその時の自分を見下ろしていると、石が上から落ちていってお姉さんにぶつかりそうになったのです。

とっさに上空の木内さんが「危ない」と言うと、その声を聞いた6歳の木内さんは、お姉さんを突き飛ばしたのが見えたそうです。

その時、木内さんは、「あの時の声は、自分の声だったんだ!!」とわかって嬉しくなったそうです。


それからこんなエピソードもありました。未来の自分が何をしているのか、気になった木内さんは、未来にも行ってみました。

その時に見たのは、多くの人たちが椅子に座っている講演会場だったそうです。

それから数年を経て木内さんは講演を依頼されたのですが、その時の会場を見てとても驚いたのです。

その会場は、彼が臨死体験をした時に見た講演会場そのものだったのです。

講演会に来ていた人たちの顔、壁にかけてある掛け軸など、臨死状態の時に見た光景そのままだったのです。

それは木内さんの「意識」が、本当に未来に行って、その時の映像を見たという事なのです。

この木内さんのお話から、**「身体」を抜け出した「意識」は自由で、時間と空間を飛び越えて様々なところへ行くという性質を持っている**という事がわかるのです。

私が第４章に記した「瞑想法」を試して、過去や未来の自分に向き合うと、時間と空間を飛び越えて、自分の大切な「ターニング・ポイント」を垣間見る事ができるのです。

そしてカルマの中に閉じ込められた「意識」を解放して、夢と希望を持って未来へと進めるようになるのです。

## 死の間際に聞こえた声

人間は生まれた時にすでに、どんな人生を過ごすのか決めてきていると言われています。

その時々で「失敗した」と思うような事があっても、その事でさえ人生の計画の一部なのです。

どんな人生を過ごすにしても、亡くなる時に、すべてのバランスが取れて帳尻が合い、「すべてが良かった」と思えるような人生は素敵だと思います。

私が20代の頃に、オートバイに乗っていて交通事故にあった時の事です。

運転をしていて、スピードはさほど出していなかったのですが、突然、左側から白い車がぶつかってきて、私はオートバイのシートから弾き出されて空を飛んだのです。

その時に、すべてがスローモーションのように動いて、私が生まれてから出会ったすべての人たちの顔が頭に浮かんだのです。

「ああ、あんな事もあった。この人、そう言えば赤ちゃんの時に私を背負ってくれた人だ」

などと、私が関わったすべての人たちの顔が浮かんだのです。

そして突然、映画のフィルムが千切れて真っ白な画面になるように、何も見えなくなったのです。

「ああそうか。私のこれまでの人生では、これだけの人たちとしか会えなかったんだ」

その白い画面が目に入った時、私に「これで終わりにするのか？　それとももっと多くの人たちに会いたいのか？」という声が聞こえたような気がしました。

その声は、がっかりするようでもなく、こうしてほしいと思うような感情もなく、ただ私の自由意志を大切にして「自分で決めなさい」と話しかけてくるように聞こえました。

そしてすぐさま「もっとたくさんの人たちに会いたい。多くの人たちの役に立ちたい」と思ったのです。

その瞬間、まるで自分の身体が誰かに動かされているかのように、私は両手で頭をかばって、背中を丸められるように動いたのです。その体勢で私は道路を15メートルぐらいはゴロゴロと転がったと思います。

その車にぶつけられてから、地面に投げ出されて動かなくなるまで、ほんの数秒だったのですが、その数秒がとても長く感じられて、それまでの一生分の記憶が頭の中に、まさに走馬灯のように流れたのです。

それから私は、救急車で運ばれて、入院する事になりました。命に別状はなかったのですが、それでも精神的には大きなショックを受けて、それまでの人生を変えようと思い、渡米するきっかけとなったのでした。

あの時に聞こえた声は、未だ誰なのかわかっていません。あの事故があってから、これまでの私があの時の自分に声をかけた記憶はありませんが、懐かしい感じがした声でした。**未来の自分、人生を終える前の自分が、命を救おうとしてかけた言葉だったのだと思うのです。**

## 未来へと進む分かれ道

私が初めて、未来の自分に向き合う瞑想をしたのは、25歳の時でした。交通事故をきっかけに、自分の人生に向き合うようになって、それまでの生き方から何かを変えようと模索していたのだと思います。

当時の私は、「アメリカに行きたい。この時を逃したら、もう機会はない」と思っていたものの、それでも不安で「どうしたらいいのかわからない」という気持ちでいっぱいでした。

そして、「こういう時は、瞑想をして未来の自分に聞いてみればいいかも」と気づいて、瞑想をして聞いてみる事にしました。

それまで、ちゃんとした瞑想をしてなくて、ほとんど初めてする瞑想でしたので、何をどうすればいいのかわかりませんでした。それでも本を読んだりして得た、うろ覚えの情報を基に、とりあえずやってみる事にしました。

目を瞑って、ゆっくりと深呼吸をしてみました。

しかし、たった数分しか経ってないのに、すぐに飽きてしまいました。

それでも「前に進むためには、ここを乗り切るしか道はない」と思い直し、もう少し頑張って目を瞑っていました。

30分ぐらいは、目を瞑っていたと思います。

息がゆっくりとなって、心が落ち着いてきました。

すると、Aという道を選んだ「未来」の自分が見えてきました。

それは、アメリカに行く事を諦めて、結婚をして、東京で働き続けていた「未来」の自分でした。

古い団地のようなマンション。3階ぐらいの角部屋でした。どうやらそこは住居であり職場のようでした。

奥の部屋でパソコンに向かいながら、大きめのモニターに向かってデザインの仕事をしている「未来」の自分。

私が近くに行くと、すぐに気がついたようで、「おっ、来たか。ここではまずいから」と私に言うと、「ちょっと。タバコ吸ってくるわ」と奥さんに言って、玄関の外のスペースに連れて行ってくれました。


「ここからの景色は、ちょっとしたもんだろ。気に入っているんだ」

そこは西向きで、街並みがあって、遠くに山が見えていました。

そして彼は、タバコに火をつけ、一口吸って、口から息を吐き出しました。

「あなたは今、幸せですか？」

そんな彼に、そう聞いてみました。

ちょっと間を置いて、

「うーん、幸せだよ。それでも、今でも考える時があるんだ。あの時、アメリカに行ってたらどうなっていたんだろうって」

そう言う彼の目は、遠くを見ていました。

そして、夕陽の光は、彼の無精髭《ぶしょうひげ》をキラキラと光らせていました。

「きっと、後悔している。彼は行けばよかったって、何度も考えたはずだ」

彼の様子から、私はそんなふうに感じました。


次に私は、Ｂの選択肢を選んで進んだ「未来」の自分に会いに行きました。

アメリカ行きを決めた「未来」の自分。


「あなたは今、幸せですか？」

同じように聞いてみると、

「もう、楽しくて、楽しくて、しょうがないんだよ。これが幸せなんだろうね」

彼は、走りながらそう言ったのです。

そんなにお金を持っていない感じでしたが、目がキラキラと輝いていました。

本当に一瞬の出会いだったのですが、彼の気持ちを確かめるのには十分でした。

ＡとＢの、それぞれの道を選んだ「未来」の自分に会って、私の目からは涙が流れました。

Ａの決断は、間違っていたわけではなかったのです。その時の決断が「正しい」とか「間違っている」とか、そんな事は誰にも言えません。

それでも、彼の生気のない目からは、彼の「意識」の一部が、あの決断をした時の時空に、まだ立ち止まっていると感じたのです。

それに引き換え、Ｂの選択をした「未来」の自分。

何もないけど、自分の特性を見つけて、好きな事を学んで、多くの人たちを助けて、幸せな人生を過ごしている。

「ああ。こんな人生も良いな」と思えて、幸せな気持ちにさせてくれたのでした。


どの道も、間違っているわけではありません。何が正しいとか間違っているとか、そんな事が問題なのではありません。

それでも、本当の事に触れるというのは、自分の意識が神というような存在を感じる瞬間のようです。

言葉にならない思いが、理由もわからずに、ただ涙を流させます。魂が震えるというのでしょうか。

言葉にしてしまうと、とても安っぽく感じてしまい、魂が感じる神聖な思いを表現できません。

それでも、「これが私の望んでいた人生なんだ」と思えて、意識の中で静かに確信へと変わっていきます。

それは、身体の中の細胞にエネルギーが流れて生気が戻っていくように、心の中が浄化されて生気が流れていくようで、心がゆっくりと静かに成長していく。

そして「自分がここにいていいんだ」と感じて、意識が光り輝いていく。

瞑想には、そんなパワーがあるのです。

## 瞑想は、「身削ぎ」

すべての物事には理由があります。

私たちは、この地球上に偶然に生まれて、生きているわけではありません。

この世界で起きるすべての出来事には、必ず理由があって、原因があります。

それはカルマと呼ばれる宇宙の法則であり、様々な要因が糸を織りなすように、現実の形にしていくのです。

そのような理由や原因を考える事なく、何となく日々を過ごしていると、生きている理由や目標がわからなくなってしまうかもしれません。

そうしているといつしか、自分本来の「色」を忘れて、他の誰かの生き方、他の人の「色」に合わせるようになってしまうのです。

そして、私たちの霊性は少しずつ失われてしまい、いつの間にか競争社会の中で、誰かに合わせる事に必死になって、やがて自分を見失ってしまうのです。

そんな時に、これまでの人生で経験した「ターニング・ポイント」を思い浮かべて、「点」と「点」をつなげて「線」にしていくと、自分がこれまで過ごしてきた軌跡、生きる理由が明確になっていきます。

そして、その「線」が、真っ直ぐに「現在」につながっていて、そしてさらに「未来」へと力強い線となってつながっているのに気がつくのです。

私は、**瞑想は、「身削《みそ》ぎ」であり、自分の身を削ぐように、自分の一部のようになってしまっている過去のストレスやトラウマを手放していく作業**だと思っています。

そのような瞑想をしている最中には、思い出したくないような過去の記憶が浮かび上がってきて、身を削ぐような痛みが伴うかもしれません。

しかし、その痛みを避けて見ないようにしていると、過去の「ターニング・ポイント」にも目が向けられないようになってしまいます。

そして「点」を「線」につなげる作業もできなくなって、自分自身がわからなくなってしまうのです。自分の特性や個性、好きな事もわからなくなってしまい、さらに「未来」への道も見えなくなってしまうのです。

心の痛みを伴うような、苦しみや悲しみというネガティブな感情を伴うような出来事というのは、できれば経験したくないし、思い出したくもありません。

それらは心の深いところにあって、トラウマやストレスとなって心に負荷を与えて、傷になっているので、見たくも触りたくもないのです。

しかし、そんな経験も、悪い事ばかりではなく、人生をより深く豊かにしてくれます。**苦しい事、悲しい事を経験した「過去」の自分に向き合う事で、自分をより深く知る事ができます。**

それまで気がつかなかった「嫌な事」「避けたい事」などを知る機会となるのです。そして、「好きな事」や「得意な事」もわかってくるのです。

それから、「どうしてもこれだけは捨てられない大切なもの」が浮かび上がってくるのです。

そしてそれが、あなたの人生にとっての「ラスト・ミッション」への扉を開き、「未来」へつながる道となって、光り輝いてくるのです。

## 幸せを諦めない

本書を読まれて、これまでの自分自身が生きてきた軌跡を確認する作業がとても大切だという事がご理解いただけたと思います。

**自分自身を振り返って、これまでの「点」を浮かび上がらせて、自分にとって大切な「ターニング・ポイント」を見る。すると、今現在、自分がしている事に意味を見出すようになれる**のです。

この地球上に生きるすべての人たちは、「ターニング・ポイント」となる瞬間を経験します。

往々にして、経験している最中にはわからないものですが、時間が経ってその時を振り返ってみると、その瞬間が光り輝いて見えてきます。

その光が、「現在」の自分に訴えてきます。人生で大切にしなければいけない物事がそこにあると、話しかけてくれます。

だから「現在」の自分は、その時の自分に声をかけたくなるのです。手を差し伸べたくなるのです。どんなに大切な瞬間なのかという事は、その時はわからないのです。時が経ってみないとわからないのです。

そのように「現在」の視点から、「過去」に経験した「点」と「点」をつなげて線にしていくと、「点」が断片的ではなく、水が流れるような一連の軌跡が見えてくるのです。

それぞれが特別な存在であり、それぞれの「ミッション」を持っていて、そして、未来への道が見えてくるのです。

その「線」は、あなたを光り輝く「未来」へと引っ張ってくれて、「現在」ここに生きている意味を持たせてくれるのです。

もし、**あなたが今、「ターニング・ポイント」の渦中にいて大変な状態ならば、そこには必ず、声をかけて助けようとしている誰かがいる**事を知ってほしいのです。

あなたを明るい未来へと、光へと導こうとしている誰かが必ずいます。それは「未来」のあなた自身かもしれないのです。

静かなところで目を瞑って、深呼吸するだけで、その声は力強く、確かにあなたを導いてくれると思います。

誰かがあなたを、宇宙の彼方から見ていて、応援してくれている。

そう思うだけで、気持ちは少しワクワクしてきます。

「未来」の自分は、確かにそこにいて、前向きに進もうとしている。

そしてその時の自分は、「過去」の私たちを絶対に見捨てたりはしません。

私たちは「意識」の存在であり、永遠の存在です。

本来、時空を自由に飛び越えてどこへでも行けるのです。

そして誰もが「幸せになりたい」と思っているのです。


しかし、そうはなれない原因は、**「意識」が「カルマの牢獄の中に閉じ込められている」**からなのです。

そんな**「意識」を救い出して、幸せにするためには、瞑想を通して自分自身の過去や前世で行ったカルマの種を見つけて修正する**必要があります。

そうすると、閉じ込められた「意識」が解放されて、自由になって、「未来」へと進めるようになるのです。

## あなたの「意識」は、宇宙の光そのもの

自由で光り輝く「意識」を「未来」へと進めるためには、気持ちをポジティブにする必要があります。ポジティブな「心」は、あたかもロケットを宇宙に飛ばす発射台のようなものです。

**「心」がポジティブになって、初めて「意識」が光り輝くのです。**

そしてその「意識」の放つ光は、周囲の人たちにも夢や希望を与える光となるのです。

この宇宙は「意識」の光で成り立っています。

だからあなたの「意識」は、宇宙の光そのものであり、あなたがここに存在する事が、宇宙を存在させているとも言えるのです。

それだけ、あなたの「意識」が存在する意味は大きいのです。

だからこそ、**あなたが感じる「幸せ」を大切にして、「幸せを諦めない」で、光を見て**

**ほしい**と思っているのです。

この地球に住むすべての人たちが「幸せ」を感じて、「意識」を光り輝かせていったら、きっとこの宇宙全体に幸せが満たされていく。

そんな事を考えると、心の中のワクワクが止まりません。

この宇宙はきっと「現在」、そんな「幸せに満ち溢れる状態」へと変容しているのです。私たちが、その変容の瞬間に立ち会えるというのはとても素晴らしい事です。そして、その変容に必要なのは「愛」だと思うのです。

その宇宙の変容を成し遂げるために、私たちはここに存在していて、それぞれが特別なミッションを持っていると信じるのです。

そのために、この本を読まれる方が、それぞれの存在する理由を思い、「幸せを諦めない」で、それぞれの「ミッション」、真実の光を見つけられるようにと願っています。どうか諦めないで光を見つけられますように。私の心からの想いです。

エピローグ――「ラスト・ミッション」への道

## 意識の神性

つい最近、サンフランシスコ空港から市内へ行こうとして、ローカル線の電車に乗っていた時、車内でとある男女のカップルと立ち話をしました。

話した内容は、その時の不安定な世界情勢、そしてそれらの影響で不安定になった心、それを解消するためにキリスト教会へ行く事など、たわいもない話でした。


きっかけは私の名前の「レバレンド」からでした。それは「聖職者」といった意味なので、そこから教会についての話になったのです。

「私はキリスト教会に行ってるの。親が行っていたから、何となく惰性でね」

女性が、さほど行きたくもないけど行っているというような事を言っていました。

「それはいい事だよ。とてもいいね」

「僕は、以前は教会に行ってたんだけど、なんか満足できなくて、行くのをやめたんだ」

今度は、男性が少し恥ずかしそうに言いました。

「それもいい事だね」

「それってどういう意味？　教会に行くのもいい、行かないのもいいって、いったいどっちがいいの？」

男性がそう聞いてきたのです。

私は少し考えてから、こう言いました。

**「それは、自分の意識で何かしらの行動をすると決めて行動したなら、それはとても意味があると思う。それはとても聖なる事で、どちらも間違いではないと思うんだ」**

私がそう言うと、彼は嬉しそうに、私に握手を求めてきました。彼の何かが赦《ゆる》されて、身体の緊張がなくなったような顔になっていました。

どんな結果になるにせよ、自分自身の「意識」で決めて行動した事ならば、それは尊重すべき聖なる事だと思うのです。それは誰が何を言おうと、自分が正しいと思って決めた事なのですから、間違いも失敗もないのです。

しかしながら、その行動が誰かの意思や周囲の人たちの影響によって決めた事ならば、そこには後悔が残ります。自分の正当性を求めようとして、誰かに責任転嫁したり、過去の失敗を何度も思い出しては後悔してしまうのです。

## 「時の河」を流れる船

『時の河を渡る船に　オールはない　流されてく』という歌詞があります。それは、『Wの悲劇』という映画の中で、薬師丸ひろ子さんが歌っていた「Woman」(作詞：松本隆)という歌の一節なのですが、「流されてく」というのは、本当は元々あった「オール」を捨ててしまって、「流れる事」を自ら選択したのかもしれません。

私たちは本来「時の河を流されるだけでなく」、時間を飛び越えて、人生を修正する事ができるのです。

過ぎ去ってしまった「過去の点」を振り返って、意識を合わせる事で、あたかもその場所にいるように感じて、そして過去において、失敗した事に向き合って、声をかけたり、助けてあげたりするという事ができるのです。

**「意識」を飛ばすという事は、それはまるで「タイムマシン」のようで、過去の自分と向き合って、未来の自分と話をするという事でもある**のです。

「意識」は、聖なる存在であり、その本質から来る「決心」も聖なる事であり、自分自身が現在ここに存在する意味を強くしてくれます。

私たち人間にとって、この地球上に生きる使命は、「意識」の性質を知って、「心」を成長させるという事につきると思うのです。

## イーロン・マスク氏との出会い

もう20年近く前の事なのですが、じつはイーロン・マスク氏に声をかけられた事があります。その時、私はペイパルという会社で採用面接を受けていたのです。その時に彼に声をかけられたのです。

面接をしていた部屋は驚くほどの小部屋で、そこに私と2人の面接官が対面で座っていました。

そこにノックをして入って来たのがイーロンだったのです。

彼はその頃、ペイパルの社長ではあったのですが、テスラやスペースXなどの会社も買収していて大変忙しく、普段はその建物にいるような人ではなかったのです。なので、2人の面接官は凄く驚いていました。


「ちょっといいかな。この人と握手がしたかったんだ」

彼はそう言うと、私にこう聞きました。

「久しぶりだね。君に聞きたい質問は一つだけだ。僕が窮地に陥った時、君は僕を助けてくれるか？」

何の事を聞いているのか理解ができなくて躊躇していると、「できないのか？」と彼は悲しそうな顔をしました。

「もちろん。助けるよ」と私が言うと、「その答えが聞きたかったんだ」と嬉しそうに言ったのです。

「しかし、助けが必要な時って、どうやって連絡を取ればいいんだろう」と思っていると、心を読まれたのか、「君は、その時にどうやって君を見つけるのか心配しているようだが、その時になったら、君がどこにいても、見つけ出す事ができるんだ。心配しなくていい」と言われてしまいました。

「それじゃ、また」と彼が部屋を出ようとするので、「この人は、そんなに重要人物なのですか？」と面接官が慌てたように聞きます。

「そんな事ないよ。これはこっちの話だ。君たちは君たちの仕事をすればいい」と言って、本当に部屋を出ていったのです。彼が部屋に入ってきて、出ていくまで、ほんの数分の出来事でした。


あっけに取られて、それでもとりあえず面接を続けようという事になりました。でもその5分後ぐらいに、ビル全体の電気が落ちたのです。

それは、この地区ではとても珍しい停電でした。慌てて非常階段を駆け降りて駐車場に行くと、従業員のみんなが我を失って、ボーッとビルを見上げていました。

「こんな駐車場で面接なんてできない。もう帰っていいよ。また連絡する」と言われたので、車を運転して帰りました。

「何だったんだ。今日の面接は……」と思いながら車の中で、それでも「こんな事があるなんて」と面白くなって笑ってしまいました。結局、ペイパルから合格通知が来る事はなくて、そこで働く事はありませんでした。

振り返って、あの時の出来事を思い出すと、イーロンは、時間を超越していたとしか思えないのです。流れていく時間軸の中で、遠い「過去」に出会った私の事を覚えていて、「久しぶり」と言った事。

そしてあれから「未来」に起きるであろう「彼の窮地」など、彼の中では「過去、現在、未来」の情報が整然と同時間帯に存在している、そうとしか考えられない行動だったのです。

電気が落ちたという事も、ただの偶然かもしれませんが、誰かが「タイム・トラベル」するにあたり必要なエネルギーを供給するためだったと考えられなくもありません。

## 時間は、飛び越える事ができる

「時間は、飛び越える事ができる」

そう確信させてくれたのは、あの時のイーロンとの出会いでした。

彼が、ずっと昔に私に出会ったという事が本当だとしたら、思い浮かぶのはたった一人。私をいろんな場所に連れて行ってくれた「兄」です。

とはいえ、これは全部、私の中で考えた事なので、本当かどうかはわかりません。きっとその時がきたら証明されるでしょう。

それにつけても、彼の考え方は興味深いのです。最近見たインタビューで、彼が宇宙にロケットを飛ばす理由をこんなふうに答えていました。

人間が生きるためには理由が必要だ。

そしてその根底にある理由は、子孫を残すという事だ。

朝起きて、「今日は何のために生きようか」と考えて、何も理由がなかったら何もワクワクする事がなくて、新しい技術をつくろうとも思わない。

自分がつくったものが誰かの役に立って、それまでに世の中にない新しい物が、自分や人類の可能性をつくり出して広げていく。

それが地球という限定された地域でしかできないとしたら、それはいつしか夢も希望もなくなって、減退の道を辿るだろう。現に、日本やヨーロッパの諸国では、出生率が極端に下がって、人口が減ってきている。

自分たちだけのためにではなく、未来の子どもたち、子孫のために、彼らがいつか宇宙の一員となって、堂々と宇宙に進出できるようになるために、私は宇宙にロケットを飛ばすのだ。


私たちが、もし、宇宙へと進出して、躊躇する事なく、あらゆる宇宙の生物とコミュニケーションができて、交流が持てるとしたら、それはとてもワクワクする事です。

そんな「未来」で過ごしている子孫を椅子に座らせて、「未来」の様子を垣間見るのも面白いかもしれません。そして私はきっと、その子孫にこう尋ねるのです。

「あなたは今、幸せですか?」

そしてきっと、椅子に座った人は、幸せそうににっこりと笑顔で、

「もちろん。幸せです」

と答えるのです。

## 無償の愛――宇宙と私たちが存在する意味

宇宙が存在するのは、**「私たちを通して『無償の愛』を経験」**するという理由があるからだと思います。

この地球のすべての存在が無償の愛を学んで、そして他者に実践するようになったら、この宇宙はいったいどのように変化するのでしょう。きっと宇宙のすべての存在が、この無償の愛を大切に思って、実践しようとするのではと思っています。

争いも戦争もない、そしてお互いに相手を敬い、愛を持って人に接するようになって、きっと他者から労働力やお金、そしてエネルギーを摂取する事もなくなり、馬車馬のように毎日働かなくても良くなる世界。

そういった状態というのは、きっと宇宙が最終的に望んでいる状態だと思うのです。

私たちが無償の愛を学んで実践した事は、宇宙のどこかに記憶されて、少しずつ蓄積されていくと信じます。

そしてそのような、ほんの少しの経験でも、その事が宇宙全体に大きな影響を及ぼすという事はあると思います。

たとえば、東京湾に杭を一本打ち込むと、東京湾の中の全体的な流れが変わると言われています。たった一本の杭が大きな湾の水流を変えてしまう。そんな事が実際に起きるのです。

無償の愛の記憶は、きっと宇宙のどこかで、量子の配列に影響を及ぼし、宇宙の記憶となって蓄積されていくのです。

「死んでしまったら、それで終わり」というわけではなく、残った無償の愛の記憶は、宇宙の中で小さなゆらぎを起こして、量子を動かして、どこか遠いところへ記録され、やがて宇宙全体に影響を与えていく。

**無償の愛を学ぶ事が、宇宙の「意識」を成長させ、光り輝かせていくのです。**

そう考えると、私たちの意識は、死んだ後に宇宙の意識と呼ばれるようなものの中に融合されていって、宇宙の一部になっていくと考えられます。

というよりは、私たちの意識は、そもそも宇宙の意識の一部であり、宇宙が私たちの経験を通して「愛」を学んでいると言えるのです。

私の親父はだいぶ前に死んでしまったけれど、彼がしてくれた愛の行為や記憶は消えてなくなったわけでなく、私の記憶の中に残るのです。そして私が死んだ後も、やがて宇宙の記憶として残る、といったふうに私は考えるのです。

それが本当であるならば、**私たち人間の存在する理由、そして宇宙の目指すべき方向性というのは、「無償の愛を学ぶ」という事であり、愛を知る事が目的だ**と考えられるのです。

私たちが「日々の生活を過ごして、振り返ってみて、幸せを感じる、愛を感じる」、そんな事が実感できるというのは、私たちが生きている間の事だけであり、それは当たり前の事ではなく、本当に特別で素晴らしい事なのです。

## すべてを許して、すべてを受け入れる

この宇宙には、これまで様々な人たちが生きて、無償の愛をたくさん経験してきて、そしてそれらすべての記憶が宇宙のどこかに記憶されている。

宇宙の量子にはそういったたくさんの無償の愛が蓄積されている。

その量子が光となって、私たちに、望む時にいつでも降り注いでくるのです。

こんなふうに考えると、宇宙、そして私たち人間の存在する意味というのが何となくわかって、宇宙の愛を感じて、心が温かくなっていきます。


**それぞれの人たちの生き方は異なっていて、一つとして同じ人生はありません。**

**そして、それぞれの「ミッション」も異なっていて、一つとして同じものはありません。**

**地球に生きるすべての人たちは個々の存在であり、異なっているのです。**

それぞれのミッションは異なっている。そして人は、お互いに影響を受けて、どこかで繋がりたいと思っているのです。

異なっているからこそ、お互いに影響を受けて、喜んだり、楽しんだりして、幸せな時を過ごしているのです。そしてその根本には、お互いを大切にしようとする思い、「愛」があるのです。


私たちは、「意識」の性質を学ぶ事で、宇宙の真理を知る事ができます。そして私たちがここに存在して、生きる理由を知る事ができるのです。

意識は、時空を飛び越えて、どこへでも行ける自由な存在です。カルマの中に閉じ込められるのを嫌い、常に「未来」へと進もうとする特性があります。

そんな自由な意識は、「心」を成長させる事で、さらに光り輝きます。

心は過去を引きずりやすく、何度も過去の失敗を思い出させます。

そんな「過去」に閉じ込められている心に向き合うと、立ち止まって前へ進めない意識は、「現在」へと引き上げられます。


**「すべてを許して、すべてを受け入れる」**


そうすると、「心」はポジティブになって、「意識」が光り輝いていきます。

そしてその光は、あなたにだけでなく、きっと周囲の人たちにも夢や希望を与えるようになります。

## 「未来の自分」からの声が聞こえたら

日本各地には、これから起こるであろう大きな地震や津波の危険があります。

たとえば、必ずやってくると言われている南海トラフ地震は、今後30年の間に発生する確率が80％だそうです。

その他の地震や津波などの災害も、地震大国の日本では必ず起きると言われています。

何も起こらなくて、何も変わらないのが当たり前と思いたい気持ちは誰もが持っているものですが、そういった災害、あるいは人生の転機などは必ず起きるものです。

そのような想定外の事が起きた時、その時に最適だと思われる方法を考えて行動しなければいけません。

しかし、そうは言っても「何をどうすればいいのかわからない」という状況に往々にして遭遇してしまうものです。


そんな時に、「声が聞こえる」という事は、きっとあるのだと思います。

そういった声は、すべてが正しいわけではありません。

しかし本当に助けになる声も確かにあって、光り輝くように感じるものです。

そしてそれは、「未来の自分からの声」なのかもしれません。

それでもせっかく聞こえたのに、無視してしまったり、あるいは声とは反対の事をして失敗してしまうという事も考えられます。
友人、知人、あるいはまったく知らない人など、誰かを通して助けの手が差し伸べられるという事も考えられますが、信じなかったり、断ってしまったりして、失敗してしまう事も考えられます。

そんな事がないように、**何らかの声が聞こえた時に、あるいは誰かの助けがあった時に、真実を見極めて、前へ進む事ができるように、普段から自分に向き合う時間を設ける**事は大切です。

静かな場所で、目を瞑って、ゆっくりと深呼吸するだけで、それだけで心が落ち着いて、安心して自分を見る準備ができるようになります。

**「瞑想は、転ばぬ先の杖」**とも言われています。

いざ何かが起きた時に、心を落ち着かせて最適な選択ができるように、常日頃から瞑想する事をぜひお勧めします。

この本を読まれる皆さまが、「幸せを諦めない」で、それぞれの「ミッション」、真実の光を見つけられますように。

そして「心」を成長させて、「未来」へと導く光を目指して行動する事ができるようにと思っております。

そして「意識」の存在として、あなたの過ごす一瞬、一瞬が、素晴らしい時となるようにと心から願っております。

レバレンド・サトシ

瞑想家、経営コンサルタント、ヒーリング教室シャスタ主宰。

生まれた時から目に見えない世界を身近に感じながら育つ。25歳で渡米、ハワイ州の大学（BYUH）を卒業後、シリコンバレー、スタンフォード大学等にて就労。

世界で活躍しているヒーラーを数多く輩出している全米でも有名な「BPI」（バークレー超能力研究所）にて、瞑想、ヒーリング、透視能力開発などを本格的に学び、男性では、世界ではじめて「スピリチュアルミッドワイフ」（魂の助産師）の資格を修得。「レバレンド」（聖職者の称号）を授かる。卒業後は数多くの瞑想家、ヒーラーの育成に関わる。

その後、20年以上の在米生活を経て2009年に帰国、「ヒーリング教室シャスタ」を大阪に設立。アメリカでの理論的な学び、6000人以上のカウンセリング経験を活かし、本質の透視、ヒーリング能力をベースとした瞑想クラスの指導、空間のヒーリング、経営者のためのビジネス、スピリチュアルカウンセリングを手がけている。また、国内外で瞑想の大切さを伝える講演活動にも力を注いでいる。

著書に『いのちのやくそく』（池川明共著・センジュ出版）、『パワースポットのつくりかた』（フォレスト出版）がある。

レバレンド・サトシ HP
https://shastahealing.com/

人生と仕事に迷いがなくなる
「ラスト・ミッション」の見つけ方
生まれてきた真の目的


第一刷　2024年2月29日

著者　レバレンド・サトシ

発行人　石井健資

発行所　株式会社ヒカルランド


〒162-0821 東京都新宿区津久戸町3-11 TH1ビル6F
電話 03-6265-0852　ファックス 03-6265-0853
http://www.hikaruland.co.jp　info@hikaruland.co.jp


振替　00180-8-496587

本文・カバー・製本　中央精版印刷株式会社

DTP　株式会社キャップス

編集担当　遠藤励起／ソーネル




ISBN978-4-86742-346-2

## 自然の中にいるような心地よさと開放感が
## あなたにキセキを起こします

元氣屋イッテルの１階は、自然の生命活性エネルギーと肉体との交流を目的に創られた、奇跡の杉の空間です。私たちの生活の周りには多くの木材が使われていますが、そのどれもが高温乾燥・薬剤塗布により微生物がいなくなった、本来もっているはずの薬効を封じられているものばかりです。元氣屋イッテルの床、壁などの内装に使用しているのは、すべて45℃のほどよい環境でやさしくじっくり乾燥させた日本の杉材。しかもこの乾燥室さえも木材で作られた特別なものです。水分だけがなくなった杉材の中では、微生物や酵素が生きています。さらに、室内の冷暖房には従来のエアコンとはまったく異なるコンセプトで作られた特製の光冷暖房機を採用しています。この光冷暖は部屋全体に施された漆喰との共鳴反応によって、自然そのもののような心地よさを再現。森林浴をしているような開放感に包まれます。

### みらくるな変化を起こす施術やイベントが
### 自由なあなたへと解放します

ヒカルランドで出版された著者の先生方やご縁のあった先生方のセッションが受けられる、お話が聞けるイベントを不定期開催しています。カラダとココロ、そして魂と向き合い、解放される、かけがえのない時間です。詳細はホームページ、またはメールマガジン、SNS などでお知らせします。

神楽坂
ヒカルランド
みらくる
Shopping & Healing

元氣屋イッテル（神楽坂ヒカルランド　みらくる：癒しと健康）
〒162-0805　東京都新宿区矢来町111番地
地下鉄東西線神楽坂駅２番出口より徒歩２分
TEL：03-5579-8948　メール：info@hikarulandmarket.com
不定休（営業日はホームページをご確認ください）
営業時間11：00〜18：00（イベント開催時など、営業時間が変更になる場合があります。）
※ Healing メニューは予約制。事前のお申込みが必要となります。
ホームページ：https://kagurazakamiracle.com/